Horizontes: Repaso y conversación

Manual de ejercicios y de laboratorio

Quinta edición

Graciela Ascarrunz Gilman (late)
University of California, Santa Barbara

Nancy Levy-Konesky
Yale University
Teacher Preparation Program

Karen Daggett
Boston College

WILEY
JOHN WILEY & SONS, INC.

To order books or for customer service call 1-800-CALL-WILEY (225-5945).

ISBN 978-0-471-47599-6

10 9 8 7 6 5 4

Elena Climent, Balcony with View of Altea, 1999. Oil on canvas, 27⁹⁄₁₆ x 36¼ inches.
Photo provided courtesy of Mary-Anne Martin/Fine Art, New York. Reproduced with permission.

Contenido

Manual de ejercicios

Manual de laboratorio

Preface

TO THE STUDENT

This *Manual de ejercicios y de laboratorio* and the accompanying lab audio program, along with *Horizontes: Repaso y conversación* and *Horizontes: Cultura y literatura*, are components of a second-year Spanish language program. Each chapter of the lab book is designed to correspond in theme, vocabulary, and grammatical content to the lessons of your grammar text and cultural reader. In this book you will also find a variety of new exercises and activities, artwork, realia, games, and puzzles to make learning even more enjoyable and to help perfect your skills in understanding, speaking, reading, and writing the Spanish language.

As with the other components of the *Horizontes* program, all of the exercises here present the same topics as those found in the corresponding chapter in the student text. In this way you practice both the targeted grammar and vocabulary simultaneously. In *Horizontes: Repaso y conversación* most of the *Actividades* are open-ended and call for your creative input in conversations with your teacher and other class members. The *Manual de ejercicios y de laboratorio*, however, is designed for you to work by yourself in the laboratory and at home, and therefore the exercises are more directed. The *Horizontes Answer Key* supplement, which contains the answers for this workbook; are available to instructors at www.wiley.com/college/gilman.

PLEASE NOTE: In order to help you practice both the familiar and the formal forms in Spanish, we have used the "tú" form in addressing you in the *Manual de ejercicios* and the "Ud." form in the *Manual de laboratorio* (that is, on the CDs and in the exercises that accompany them).

Each lesson of your *Manual de ejercicios y de laboratorio* is organized in two sections: the *Manual de ejercicios* and the *Manual de laboratorio*.

MANUAL DE EJERCICIOS

The exercises included here emphasize reading and writing skills and cover each of the items you are learning in *Horizontes: Repaso y conversación*. For the most part, these are short-answer activities that will test your understanding of the grammar in each lesson. We suggest that you do these exercises after completing the corresponding lessons in the textbook, and then check your answers with your instructor. If you get all of the answers right, you can feel confident that you have learned the major points of the grammar lesson. If not, we suggest that you review the grammar until you master it. Ask for extra help from your instructor before the test if you are having difficulties.

In addition to grammatical exercises, the *Manual de ejercicios* provides the following: *Vocabulario; ¡Ojo con estas palabras!; Ampliación y conversación*, in which we want you to express your opinions; and an activity which incorporates authentic reading materials with interesting and thought-provoking comprehension and conversational questions.

MANUAL DE LABORATORIO

Your *Manual de laboratorio* corresponds to the material recorded on the lab audio CDs. In each *Manual de laboratorio* section you will find the following:

1. *Fragmento de una obra de teatro* or *Obra de teatro en un acto:* These are all selections from Spanish-language theater chosen from Latin America and Spain and performed by native speakers. Approximately half-way through, each chapter's play will be interrupted with a comprehension activity. Another comprehension activity comes at the end of the play. You should listen to each part of the chapter's play several times before completing the comprehension activities.

2. *Pronunciación:* Here we provide a step-by-step review of Spanish pronunciation: starting with the vowels, passing through all of the consonants and problems of intonation, and ending with special problems such as diphthongs and synizesis and synaloepha (the contraction or blending of two successive vowels into one syllable). Whenever possible, we have included *Trabalenguas,* or tongue twisters, to make your pronunciation work more fun.

3. *Práctica oral:* These exercises give you additional practice with the grammar in your textbook. Unlike the exercises in the *Manual de ejercicios,* they stress listening and speaking skills and will help you attain oral mastery of the grammar points. The directions and model sentence for the exercises found on the tapes are printed in the *Manual.* Listen carefully to the model and respond as directed because this will help you improve both listening and speaking skills. Each exercise is patterned as follows: question, time for your response, correct response, and time for you to repeat.

4. *Comprensión auditiva:* The final exercise is another listening comprehension activity. In each case we have chosen lively and amusing short readings adapted from both contemporary and traditional Hispanic sources. Each story is a humorous selection that will be read once and followed by a multiple-choice comprehension exercise. You should pay close attention the first time you listen, but of course, you can listen to the reading as many times as necessary in order to complete the exercise correctly. Again, we provide answers for instant feedback in the key at the end of the text.

This fifth edition of the *Manual de ejercicios y de laboratorio* of *Horizontes* offers you a variety of exercises and theater pieces, accompanied by drawings, realia, and visual exercises, to help you become more proficient in grammar, vocabulary, and writing skills. The lab audio program, used in conjunction with the *Manual de laboratorio,* will help develop your ability to understand authentic Spanish and to perfect your own speaking skills.

Manual de ejercicios

Lección 1 *¡Encantada de conocerlo!*

VOCABULARIO PARA LA COMUNICACIÓN

A. Cortesías de la vida. Contesta las preguntas.

1. ¿Cómo presentas a una amiga?

   Quiero presentarte a mi amiga.

2. ¿Qué dices al entrar a la oficina del departamento de español?

   ¿Puedo pasar?

3. Si deseas solicitar alguna información a una persona que conoces, ¿qué le dices?

   ¿Me puedes decir...?

4. ¿Cómo recibes a un(a) compañero(a) de clase que viene a tu casa para estudiar?

   Hola, ¿Qué tal? Pase.

5. Si quieres ir al cine con un(a) amigo(a), ¿qué le propones?

6. Si necesitas ayuda con tu tarea de español, ¿cómo la solicitas?

7. Cuando cometes un error, ¿cómo pides disculpas?

8. Si alguien te cuenta algo muy triste, ¿qué exclamas?

9. Si tu amigo(a) llega muy tarde a la cita, ¿qué dices?

10. Cuando la clase termina, ¿cómo te despides de tu compañero(a)?

LOS INTERROGATIVOS Y LAS EXCLAMACIONES

B. El primer día de clase. Tú no conoces a tu compañero y, antes de llegar el profesor, Uds. conversan. ¿Cuál es la pregunta? Completa el diálogo con oraciones interrogativas.

1. —¿ _____ ?

   —Me llamo Luis Alfredo.

2. —¿ _____ ?

   —Soy de Venezuela.

3. —¿ _____ ?

   —Vivo con unos amigos de mi familia.

4. —¿ _____ ?

   —Mi familia está en Caracas.

5. —¿ _____ ?

   —Tengo diecinueve años.

6. —¿ _____ ?

   —Mi cumpleaños es el tres de abril.

7. —¿ _____ ?

   —Estudio matemáticas.

8. —¿ _____ ?

   —Mis clases terminan a las tres de la tarde. A esa hora podemos vernos.

C. En otra parte de la clase. María Ángeles y Óscar también conversan. Óscar desea conocer a María Ángeles porque ella parece muy simpática. Él le hace muchas preguntas. Completa el diálogo e imagina las respuestas de María Ángeles.

1. —¡Hola!, ¿cómo estás?

   — _____

2. —Yo me llamo Óscar. Y tú, ¿cómo te llamas?

   — _____

4. —¿Eres estudiante en esta clase?

   — _____

5. —Pareces muy joven. ¿Cuántos años tienes?

   — _____

6. —Después de clase tengo tiempo libre. ¿Quieres tomar un café conmigo en la cafetería de la universidad?

   — _____

   —Muy bien. Entonces, ¡hasta luego!

D. *¿Qué?* o *¿Cuál(es)?* Completa el diálogo con la palabra apropiada.

PROFESOR: ¿ _____ es la estudiante que quiere verme?

1

ASISTENTE: Es Patricia Ramos, la muchacha venezolana que llegó la semana pasada.

PROFESOR: ¿Sabe Ud. _____ desea?

2

ASISTENTE: Desea consultar el significado de dos palabras que no se usan en su país.

PROFESOR: ¿ _____ son esas palabras? A ver, dígale que pase.

3

* * *

PATRICIA: Buenas tardes, Profesor Fuentes. ¿Podría decirme _____ se entiende

4
por "ligar con un(a) muchacho(a)"?

PROFESOR: *Ligar* es una palabra familiar que usan los jóvenes en España al empezar una relación.

¿ _____ palabra usan Uds. en Venezuela?

5

PATRICIA: Usamos el verbo "empatarse"; por ejemplo "Me empaté con Carlos".

PROFESOR: ¿ _____ es la otra palabra que no conoce?

6

PATRICIA: ¿ _____ quiere decir "ir de tapas"?

7

PROFESOR: Bueno, esa es una costumbre muy española. Es salir con amigos e ir de establecimiento en establecimiento probando pequeñas porciones de comida.

PATRICIA: Muchísimas gracias por la información. Hasta luego.

E. Una oportunidad única. Imagina que tú entras en la cafetería de moda de tu ciudad y, de repente, ves a Christina Aguilera o a Enrique Iglesias. ¡Amor a primera vista! Parece muy enigmático(a) y tú le miras fijamente. Desearías saberlo todo sobre él/ella, y a la vez, convencerle de que no eres sólo un(a) aficionado(a) loco(a). De repente, él o ella se acerca y te dice:

ENRIQUE O CHRISTINA: El seis es mi número de la suerte. Por eso puedes hacerme seis preguntas para conocerme mejor. Sólo hay una condición: Cada pregunta tiene que empezar con una palabra interrogativa diferente: **¿qué?, ¿cómo?, ¿cuándo?, ¿cuánta?, ¿cuántos?, ¿por qué?, ¿quién?, ¿hace cuánto?, ¿cuál?, ...**

_____

_____

_____

_____

_____

_____

_____

F. ¡Qué buenas vacaciones! Mientras estás en la librería, comprando los libros para tus clases nuevas, ves a tu amiga María y le preguntas sobre las vacaciones. Ella empieza a contarte todo lo que le ocurrió durante las vacaciones. Completa la siguiente conversación con la exclamación apropiada.

¡Qué suerte!   ¡Qué lástima!   ¡Qué caros son!

¡Qué increíble!   ¡Qué bueno!

TÚ: ¡María! ¿Cómo estás?

MARÍA: Muy bien, ¿y tú?

TÚ: Bien. No puedo creer que ya empieza otro semestre. Y mira todos los libros que tengo que

comprar. _____ ¿Cómo te fue en las vacaciones?
           1

MARÍA: Muy bien. ¡Pero no vas a creer lo que me pasó! Quería encontrar un trabajo buenísimo para las vacaciones cuando recibí una llamada de Disney World. Me ofrecieron un trabajo en la Florida con un sueldo del doble de lo que esperaba.

TÚ: _____
           2

MARÍA: Pero hay más. ¡El primer día, David Bisbal, el cantante español que tanto me gusta, vino al parque con unos amigos y lo conocí! Me presenté, hablamos un poco, y de repente me invitó a una fiesta.

TÚ: _____
           3

MARÍA: Sí, eso creía yo también, hasta que el que llegó a recogerme no fue David sino su amigo, Miguel. Me dijo que David tenía que ir a España urgentemente y que él, Miguel, me iba a acompañar esa noche.

TÚ: _____
           4

MARÍA: ¡Sí! Miguel era simpático pero no tan guapo como David.

TÚ: _____ Me encantaría escuchar más, pero tengo que ir a clase. ¿Quieres tomar un café
           5
después para hablar más de tus aventuras?

MARÍA: Está bien. ¡Hasta luego!

TÚ: ¡Hasta luego!

G. ¡Cuánto me gustan las tarjetas! María Elena y Armando ya son novios. Todavía recuerdan su primera cita, cuando fueron al cine. Hoy es su aniversario. María Elena quiere comprar algo para Armando. Ella entra en una librería y encuentra la tarjeta perfecta para él. Mira la tarjeta de la pág. 5 que ella encontró.

1. Completa las exclamaciones de María Elena con la palabra exclamativa apropiada.

"¡ _____ me gusta esta tarjeta!"
        1

"¡ _____ graciosa y original es!"
        2

"¡ _____ se va a reír Armando con ella!"
        3

"¡ _____ apropiada es para nosotros!"
        4

2. Diseña y escribe tu propia tarjeta. Después, envíala a un amigo o una amiga que acabas de conocer en tu clase de español. Escribe frases en ella utilizando los exclamativos. Usa una hoja de papel aparte.

Ejemplos: *¡Cómo me alegra ser tu compañero(a) de clase!*
¡Cuánto me gusta el español!
¡Qué bien la paso en clase contigo!

LOS SUSTANTIVOS Y LOS ARTÍCULOS

H. El artículo definido. Completa las oraciones con el artículo definido. Recuerda que **de + el** forman la contracción **del** y que **a + el** forman la contracción **al.**

1. _____ información sobre _____ turismo en Cuba es interesante.

2. No sabía que _____ población de Cuba era de más de once millones de personas.

3. José Martí, un autor cubano, fue uno de _____ iniciadores de _____ "modernismo", un movimiento literario.

4. _____ instauración de _____ comunismo fue una de _____ causas de _____ embargo contra Cuba por parte de _____ Estados Unidos.

5. Muchas personas están en contra de _____ embargo porque afecta mucho a _____ pobres y a _____ personas que no pueden controlar _____ situación.

6. Otros están a favor de _____ embargo porque presiona a _____ presidente Fidel Castro.

I. El artículo indefinido. Completa las oraciones con el artículo indefinido. Si no es necesario, deja el espacio en blanco.

1. _____ revista como *People* en español tiene muchas fotos de _____ personas famosas.

2. Elvis Crespo, _____ salsero neoyorquino, tiene _____ canciones premiadas.

3. _____ persona bilingüe en los Estados Unidos tiene _____ ventaja cuando busca trabajo porque puede hablar con más personas que alguien que sólo habla _____ idioma.

4. En los años recientes, se ha visto _____ aumento en el número de personas que hablan _____ otro idioma (además del inglés) en los Estados Unidos.

5. Algunas de esas personas son inmigrantes, pero _____ otras son ciudadanas de los Estados Unidos.

J. ¿Cuál? Usa el artículo definido o el artículo indefinido o ninguno de los dos.

Él es ____₁ estudiante de biología. Y, de hecho, él es ____₂ buen estudiante de biología. Se llama Roberto y es ____₃ americano. Roberto es ____₄ chico simpático, pero no tiene ____₅ novia. Por tanto, ____₆ guapo Roberto a veces está triste.

____₇ viernes pasado, él llegó a ____₈ Bilbao, en España. Y hoy acaba de matricularse en ____₉ escuela de Medicina de esta ciudad. A Roberto siempre le ha gustado ____₁₀ español como lengua. Y sabe hablar ____₁₁ español muy bien. Pero hace muchos años que no practica, y hoy, ____₁₂ primer día de clase, él no ha podido entender ni una sola palabra.

Al principio de la clase, su compañera de clase se ha acercado a él. Se llama Maribel. Y han mantenido la siguiente conversación:

MARIBEL: ¡Hola, chico! ¿Qué hora es?

ROBERTO: Son ____₁₃ diez y media de ____₁₄ mañana.

MARIBEL: Estoy super cansada. Es ____₁₅ primer día de clase y ya estoy aburrida.

ROBERTO: ¿Qué día es hoy?

MARIBEL: ¿Estás bromeando? Hoy es _____16 lunes. Hoy es _____17 20 de septiembre y hoy empezamos en la universidad.

ROBERTO: Perdona. Mi español es pobre todavía. Quería preguntarte qué clase hay ahora.

MARIBEL: _____18 clases de biología marina son siempre _____19 lunes a _____20 diez y media de la mañana. Y tenemos que ir al laboratorio _____21 martes a _____22 once y media.

ROBERTO: Gracias por _____23 información. A propósito, ¿sabes?, a mí me gustan las chicas con ojos verdes; y tus _____24 ojos son preciosos.

MARIBEL: Gracias por el piropo. Ahí llega _____25 señor Menéndez, nuestro profesor de biología. _____26 señor Menéndez es _____27 persona muy seria y no podemos hablar en clase.

ROBERTO: Muy bien. Nos veremos después de clase entonces.

LOS ADJETIVOS

K. La desilusión. Después del encuentro con Christina Aguilera o Enrique Iglesias, supiste que no fue amor a primera vista como pensabas. También tienes una amiga, Pepa, que acaba de sufrir una desilusión de amor. Así que Uds. deciden poner un anuncio en el periódico. El primer anuncio es el de tu amiga. Complétalo con adjetivos calificativos que expresen su nacionalidad, religión y características personales.

> Después de una desilusión, necesito volver a creer en alguien. Soy una chica de 19 años. Soy
>
> _____1 (nacionalidad) y _____2 (religión). Soy
>
> _____3 , _____4 , _____5
>
> (características personales) y de buenos sentimientos. Me gustaría mantener correspondencia
>
> con un muchacho _____6 , _____7 , (característi-
>
> cas personales) y aficionado a la música _____8 (tipo de música). Si
>
> eres una persona _____9 , (característica negativa) no me escribas,
>
> perderías tu tiempo.
>
> Pepa Guzmán Mora. Urbanización Villa Hermosa, Torre B, Alicante.

L. El mensaje. Lee el mensaje de Carla y completa con el adjetivo posesivo el diálogo entre Armando y Elena.

ARMANDO: Recibí este mensaje de _____1 amiga Carla.

ELENA: ¿Y qué dice _____2 amiga?

ARMANDO: Dice que no encuentra _____3 libros.

ELENA: Pero, ¿dónde pueden estar?

> *Armando*
> *No encuentro mis libros. Como ayer estu-*
> *diamos juntos en tu casa, pienso que los he*
> *dejado en tu cuarto. Si es así, llámame por*
> *teléfono y mañana pasaré por ellos.*
>
> *Carla*

ARMANDO: Ella piensa que los dejó aquí porque ayer estudiamos juntos. He revisado todo
_____ cuarto y no los encuentro.
            4

ELENA: Siempre es lo mismo. Parece que Carla se pasa la vida buscando _____
                                                                              5
cosas. Y lo peor es que siempre cree que las ha dejado en casa de _____
                                                                          6
compañeros. ¡Por suerte ella no es _____ amiga!
                                       7

LOS DEMOSTRATIVOS

M. La invitación. Lee la invitación y completa el diálogo de la página 9 con el demostrativo correspondiente. Recuerda que el pronombre lleva acento escrito.

ELENA: ¡Mira _____1_____ invitaciones!

AMELIA: ¿Cuáles?

ELENA: _____2_____ que tengo en la mano.

AMELIA: ¿Son para nosotras?

ELENA: Sí, son para una consumición en la discoteca "Jigjog".

AMELIA: ¿Dónde está _____3_____ discoteca?

ELENA: En la calle Orense.

AMELIA: ¿Son para _____4_____ sábado?

ELENA: ¡Claro que no! Sólo sirven de lunes a viernes.

Amelia: En _____5_____ caso no nos interesa _____6_____ invitación. Nosotras queremos divertirnos _____7_____ fin de semana.

N. Demostrativos y posesivos. Elena y Amelia no van a la discoteca. Pero Roberto sí va. A Roberto le gusta observar a las personas y descubre, entre la gente, a un grupo de tres chicas muy divertidas. Esas chicas están cotilleando.

Escribe el posesivo (P) o demostrativo (D) apropiado en el siguiente diálogo.

ANA: ¡Hola, chicas! ¿Cómo estáis.? Me encantan _____1_____ (P) vestidos de noche.

PILI: Ah, ¿sí? A mí también me gusta _____2_____ (P) vestido. ¿Dónde te lo has comprado?

ANA: Esto es un secreto, pero en realidad, ¡_____3_____ (D) no es _____4_____ (P) vestido!

PILI: Ah, ¿no? ¿Y de quién es entonces?

ANA: Es de _____5_____ (P) hermana. Y si me ve, me mata.

MARISA: ¿Y por qué le has "robado" _____6_____ (P) vestido a tu hermana?

ANA: ¿Por qué? Porque los vestidos de noche son carísimos. ¿Ves a _____7_____ (D) chica que está justamente detrás de mí? _____8_____ (P) vestido debe costar más de 200 euros. ¿Y ves a _____9_____ (D) chica que está justamente detrás de ti? _____10_____ (P) vestido cuesta aproximadamente 250 euros. ¿Y ves a _____11_____ (D) chicos guapísimos que están al otro lado del salón de fiesta? Yo creo que sólo _____12_____ (P) corbatas ya cuestan una millonada.

MARISA: Todos _____13_____ (P) vestidos los he comprado en las rebajas. No puedo gastar mucho dinero en _____14_____ (D) cosas. Además, un vestido caro no es lo mismo que un vestido bonito.

PILI: En eso tienes razón. ¿Habéis visto a _____ (D) chicas que están justo a
15

tu izquierda, Ana?

MARISA: Sí, _____ (P) vestidos son feísimos y carísimos. Y, además, me he dado
16

cuenta de que ellas nos están mirando y están cotilleando sobre _____
17

(P) tres vestidos.

ANA: ¿Y veis a _____ (D) chico moreno que está a unos veinte metros de
18

nosotras? Me gustan _____ (P) jeans y _____ (P)
19   20

camiseta azul oscura. Me gusta _____ (P) forma de vestir sencilla.
21

_____ (D) chico tiene estilo y no ha gastado mucho dinero en ropa.
22

MARISA: ¡Oh! Viene hacia aquí. ¡Horror! Sabe que estábamos cotilleando.

ROBERTO: ¡Hola, chicas! ¿Cómo están esta noche? Todas tienen unos ojos preciosos. Sí, me gustan

_____ (P) ojos. Hay un dicho que dice "Los ojos son el espejo del alma".
23

Y hay otro dicho que dice "El hábito no hace al monje".

¡OJO CON ESTAS PALABRAS!

O. **Para ligar.** Lee con atención el siguiente artículo que apareció en Diario 16 y haz las actividades.

SAN SEBASTIAN DE LOS REYES

Primer cursillo municipal de métodos para «ligar»

SERVIMEDIA
Treinta jóvenes de San Sebastián de los Reyes participaron el fin de semana pasado en el curso organizado por el Ayuntamiento de la localidad sobre «Técnicas y habilidades para *ligar*. ¿Quieres salir conmigo?».

Este proyecto educativo municipal, que aborda técnicas de comunicación y seducción, es el primero de estas caracterís-

ticas que se desarrolla en España, según explicaron los organizadores del curso, celebrado en la Casa de Cultura.

En el monográfico, dirigido por el psicólogo Pedro Gutiérrez, intervinieron treinta jóvenes de ambos sexos, edades comprendidas entre los 14 y los 18 años y procedencia social variada, ya que figuraban desde universitarios hasta trabajadores

y también personas paradas.

El curso, estructurado en tres fases —aproximación, contacto y mantenimiento—, se desarrolló en grupos reducidos a base de crear psicodramas y situaciones reales que eran grabadas en vídeo. Los responsables del programa trabajaron con insistencia en el lenguaje no verbal y en enseñar a utilizar el oral.

«No intentamos dar recetas,

sino simplemente aconsejar, por ejemplo, que no hay que ser muy directo al hablar cuando queremos ligar», señaló Fabiola Muñoz, educadora social.

Las clases fueron de dos horas y media cada una, y hubo una última sesión que sirvió de clausura en una discoteca de la localidad, por considerarla un medio más adecuado a las *materias* impartidas en el curso.

Escoge la terminación correcta para cada oración.

1. El pasado fin de semana en el curso llamado "Técnicas y habilidades para ligar" participaron...

   a. muchas personas.
   b. 40 muchachos.
   c. 30 jóvenes de ambos sexos.

2. Los organizadores del curso explicaron que se trata de...

   a. un tercer cursillo local.
   b. un primer cursillo municipal.
   c. un segundo cursillo educativo.

3. A este proyecto educativo asistieron jóvenes de edades comprendidas entre...

   a. los 18 y los 20 años.
   b. los 14 y los 28 años.
   c. los 14 y los 18 años.

4. Los participantes en el cursillo eran...
   a. de diferentes niveles sociales.
   b. universitarios.
   c. trabajadores.

5. Las clases de este primer cursillo municipal fueron de...
   a. dos horas y media.
   b. una hora y media.
   c. una hora.

Completa el párrafo con la(s) palabra(s) apropiada(s). Se pueden usar las expresiones más de una vez. Recuerda usar la forma verbal correcta.

a causa de

la(s) cuestión(ones)

la(s) pregunta(s)

preguntar

por qué

porque

hacer una(s) pregunta(s)

_____ los problemas que tienen algunos jóvenes para hacer amistades, en la ciudad
          1
de Santander se dictó el primer cursillo sobre "Técnicas y habilidades para ligar". Ahora, yo me
_____ a mí mismo(a) si muchachos tan jóvenes deben participar en cursos de este
          2
tipo. Son tres _____ que van a necesitar respuestas.
               3
  (1) ¿ _____ hacer de la amistad un proyecto de aprendizaje?
            4
  (2) ¿ _____ estructurar la comunicación en tres fases?
            5
  (3) ¿ _____ intentar dar recetas en _____ de amistad y amor?
            6   7
     Para mí, la comunicación es una _____ personal que depende de cada uno
                                      8
_____ no todos los seres humanos son iguales. El lenguaje no verbal viene del
          9
corazón y un(a) joven no puede _____ íntimas sobre lo que siente el corazón.
                                    10

AMPLIACIÓN Y CONVERSACIÓN

P. **La vida universitaria.** Lee el artículo en la próxima página y contesta las preguntas.

1. ¿Cuándo van a la universidad muchos estudiantes españoles?

_____

2. ¿De dónde salen muchos chicos y chicas en ese momento?

_____

¡Adiós a las faldas de mamá!

Como todos los setiembres de cada año, los colegios mayores y los pisos para estudiantes en las ciudades universitarias dan la bienvenida a los recién llegados

Muchos estudiantes españoles van a la universidad cuando tienen 18 años. En ese momento, muchos chicos y chicas tienen que salir de la casa de sus padres en sus ciudades natales. Tienen que decidir dónde vivir.

En los campus universitarios, las opciones de vivienda son básicamente dos: compartir un apartamento con otros estudiantes o vivir en un colegio mayor.

Generalmente, los estudiantes prefieren ir a un colegio mayor durante el primer año. Así, ellos pueden conocer a gente nueva, hacer amigos y seleccionar a sus futuros compañeros de piso.

Las desventajas de los colegios mayores son muchas. Son más caros que el alquiler de un apartamento. Los horarios son más estrictos y algunos colegios limitan las salidas nocturnas. La comida no suele ser muy buena porque es difícil cocinar para más de cien personas.

Sin embargo, las ventajas también son muchas. En un colegio mayor, los recién llegados pronto hacen amigos.

También, se crea un buen ambiente de estudio y se organizan grupos de amigos para estudiar juntos. Otra ventaja es que los estudiantes no pierden tiempo cocinando o lavando los platos. Y otra cosa ¡inolvidable! es la fiesta que cada colegio mayor organiza anualmente. Los residentes de otros colegios mayores asisten a esa fiesta. Hay música, baile, comida, bebida. Y se dan premios a los residentes más simpáticos, más guapos o más estudiosos.

Muchos residentes abandonan el colegio mayor después de un año o dos años, porque están cansados de tantas fiestas diarias y porque desean vivir con sus mejores amigos. Entonces alquilan un apartamento. Pero ninguno olvida "los mejores años de la vida universitaria" en el colegio mayor. Vivir en un colegio mayor es, en cierta manera, una locura maravillosa para decir adiós a las faldas de mamá y decir hola a la vida independiente.

3. ¿Cuáles son las opciones de vivienda en los campus universitarios?

_____

_____

4. ¿Por qué los estudiantes prefieren ir a un colegio mayor durante el primer año en la universidad?

_____

_____

5. ¿Cuáles son las desventajas de los colegios mayores?

a. _____

b. _____

c. _____

6. ¿Cuáles son las ventajas de los colegios mayores?

a. _____

b. _____

c. _____

d. _____

7. ¿Qué hay en la fiesta que cada colegio mayor organiza anualmente?

_____

8. ¿Por qué abandonan muchos residentes el colegio mayor después de un año o dos años?

_____

_____

9. Según el artículo, vivir en un colegio mayor es una locura maravillosa, ¿para qué?

_____

_____

Q. El debate. Imagina que estás participando en un debate informal y tienes que defender tu preferencia (o vivir en un colegio mayor o vivir en un apartamento compartido). Organiza tus argumentos para lograr convencer a tus contrarios.

_____

_____

_____

_____

_____

_____

_____

_____

_____

_____

_____

R. Preguntas personales. Contesta las siguientes preguntas.

1. ¿Qué es para ti la amistad?

   _____

   _____

2. ¿Qué haces cuando deseas hacer nuevas amistades?

   _____

   _____

3. En esta universidad, ¿dónde y cómo se puede hacer amigos?

   _____

   _____

4. Cuando un(a) muchacho(a) te invita a una fiesta y tú no deseas salir con él (ella), ¿qué le dices?

   _____

   _____

5. Y si deseas ir con él(ella) pero no lo(la) conoces bien, ¿qué le dices?

   _____

   _____

6. Cuando buscas la compañía de un(a) amigo(a), ¿prefieres una persona inteligente?, ¿divertida?, ¿romántica?, ¿artística? Explica por qué.

   _____

   _____

7. ¿Crees que es más difícil para la mujer que para el hombre hacer amistades hoy día? ¿Por qué?

   _____

   _____

Lección 2 ¡Vamos a hacer las maletas!

VOCABULARIO PARA LA COMUNICACIÓN

A. El vuelo. Para cada uno de los siguientes verbos, da la palabra de vocabulario relacionada y escribe una oración utilizándola en el tiempo presente.

Ejemplo: mostrar *el mostrador*
Voy al mostrador cuando llego al aeropuerto para facturar el equipaje.

1. sentarse _____
   _____
   _____

2. salir _____
   _____
   _____

3. llegar _____
   _____
   _____

4. aterrizar _____
   _____
   _____

5. despegar _____
   _____
   _____

6. esperar _____
   _____
   _____

ESTRUCTURAS

LOS PRONOMBRES PERSONALES

B. Tanto tiempo sin verte. Ana Cristina y su primo César eran muy amigos cuando eran niños. Pero César emigró de España a los Estados Unidos con sus padres. Hace siete años que César y Ana Cristina no se ven. Cuando ella llega a Nueva York para una visita, César apenas puede reconocerla. Ella ya tiene dieciocho años y está muy diferente y muy bonita. Completa el diálogo, poniendo el pronombre personal adecuado sólo si es necesario.

CÉSAR: ¿Eres _____, Ana Cristina?
                        1

ANA CRISTINA: Claro que soy _____. ¿Ya no me conoce _____, César?
                                          2   3

CÉSAR: _____ estás tan guapa y tan mayor. Pero, no me trates de Ud., por favor.
Sólo _____ soy cuatro años mayor que tú.

ANA CRISTINA: Perdona. Hace muchos años que _____ no te he visto. _____ estoy un poco nerviosa.

CÉSAR: _____ te escribí muchas cartas, pero _____ nunca me contestaste.

ANA CRISTINA: Sí, y _____ lo siento. _____ soy una perezosa.

CÉSAR: No importa. Ahora háblame de tu país, de nuestros amigos. ¿Cómo están todos? Todos menos _____ viven todavía en España, ¿no?

ANA CRISTINA: Sí, sólo _____ te fuiste. E incluso _____ te eché de menos. Pero ahora _____ tenemos muchos días para hablar de todo.

CÉSAR: Sí, _____ tenemos mucho tiempo para hablar. ¿Quién empieza?

ANA CRISTINA: ¡ _____ mismo!

EL PRESENTE DEL INDICATIVO

C. **Las supersticiones de Ana Cristina.** Las personas que viajan conocen nuevas culturas, nuevas costumbres, nuevas tradiciones. Y las supersticiones, las creencias en la mala suerte, los amuletos, los horóscopos, etc. son algo muy cultural. En la cultura hispana, las tradiciones y herencias culturales relacionadas con la superstición son muy ricas. Son muchos los extranjeros que viajan a países hispanos o comunidades hispanas y se quedan asombrados. ¿Te gustaría conocer algunas de estas supersticiones tradicionales? Haz las siguientes actividades.

Completa la siguiente conversación entre César y Ana Cristina utilizando el presente del indicativo de los verbos entre paréntesis. Ana Cristina le cuenta a César las cosas que ellos nunca hacen, porque dan mala suerte.

1. Nosotros nunca _____ (salir) de casa las noches de luna llena.

2. Nosotros nunca _____ (dejar) unas tijeras abiertas encima de la mesa.

3. Nosotros nunca _____ (cruzarse) con un gato negro.

4. Nosotros nunca _____ (pasar) por debajo de una escalera.

5. Tampoco _____ (mirarse) en un espejo roto.

6. Nosotros nunca _____ (vestirse) con ropa de color amarillo.

7. Tampoco _____ (tirar) sal en el suelo.

8. Nunca _____ (viajar) ni el martes ni el trece.

EN LA CULTURA HISPANA, DA MALA SUERTE:
- pasar por debajo de una escalera
- los martes y trece
- los gatos negros
- romper un espejo
- el color amarillo, sobre todo en la ropa

DA BUENA SUERTE:
- encontrar un trébol de cuatro hojas
- ser un novato (por ej., jugar a la lotería por primera vez)
- las matrículas de coche capicúas
- los amuletos que se comparten con los amigos íntimos
- llevar un cuello dentro del suéter y el otro fuera

Contesta las siguientes preguntas con tus opiniones utilizando el presente del indicativo.

1. ¿Qué supersticiones conoces?

_____

2. ¿Crees en las supersticiones?

_____

3. ¿Tienes algún amuleto?

_____

4. ¿Qué te da mala suerte? ¿Y qué te da buena suerte?

_____

D. **El aeropuerto.** Ana Cristina vuelve a España y espera su avión. Está aburrida. Por eso, observa a las personas y otras cosas en el aeropuerto. Completa sus comentarios utilizando el presente del indicativo de los verbos entre paréntesis.

1. El turista le _____ (pedir) información a aquella azafata.

2. Yo no _____ (conocer) a nadie aquí. ¡Qué aburrido!

3. Algunos niños _____ (jugar) con aviones de papel.

4. Sus padres _____ (empezar) a frustrarse; la sala de espera es muy pequeña y sus hijos _____ (querer) jugar mucho.

5. Ese señor _____ (hacer) reservaciones en primera clase.

6. Yo _____ (tener) que viajar en clase turista.

7. El detector de metales _____ (sonar) muchísimo.

8. Esa señora no _____ (poder) hacer una reservación y _____ (tener) que estar en la lista de espera.

9. Yo siempre _____ (hacer) las reservaciones con tiempo.

10. ¡Qué bien! Parece que _____ (poder) abordar el avión.

E. El monólogo. Ana Cristina cree que la mala suerte la acompaña y se siente muy frustrada. Escribe oraciones completas en el tiempo presente.

Ejemplo: (yo) no / poder / encontrar / pase
          No puedo encontrar el pase.

1. (yo) tampoco / tener / dinero / para comprar / otro boleto

   _____

2. (yo) no / saber / a qué hora / partir / el avión

   _____

3. lamentablemente / maletas / no llevar / mi nombre

   _____

4. (yo) saber / que / (yo) ser / distraída

   _____

5. (yo) no / hacer / muy bien / cosas

   _____

6. (yo) no / ver / solución / para / mi problema

   _____

EL TIEMPO FUTURO

F. El horóscopo de César. César es escéptico y no cree en las supersticiones de su prima. Sin embargo, cada mañana, lee la sección de los horóscopos en el periódico.

César es tauro. Toma el periódico de hoy y lee su horóscopo. Utilizando el tiempo futuro, escribe las predicciones.

Ejemplo: *Según el periódico, esta semana César **conocerá** a la mujer de sus sueños, **encontrará** un trabajo maravilloso y **viajará** a las islas Canarias.*

_____

_____

_____

_____

G. La llamada. Mientras Ana Cristina espera su vuelo, llama por teléfono a su casa. Contesta su hermano Rodrigo. Completa la conversación entre Rodrigo y Ana Cristina con el futuro del verbo indicado.

RODRIGO: ¿Cuándo _____ (llegar) tu vuelo? Quiero verte. Mañana
                            1
   _____ (tomar [yo]) el barco en Valencia y _____
                2   3
   (llegar) a la isla de Ibiza al atardecer.

ANA CRISTINA: ¿Cuántos días _____ (estar [tú]) en la isla de Ibiza?
                                               4

RODRIGO: Solamente un día. Después _____ (hacer, [yo]) una excursión por
las islas de Formentera, Mallorca y Menorca.

ANA CRISTINA: ¿Cuántos días _____ (durar) todo tu viaje?

RODRIGO: Unos quince días. Yo _____ (poder) descansar en las playas boni-
tas de las islas.

ANA CRISTINA: ¡Qué maravilla! La próxima vez _____ (ir [yo]) contigo.

RODRIGO: Tranquila, dentro de seis meses _____ (hacer [yo]) otro viaje y tú
_____ (tener) que acompañarme.

ANA CRISTINA: ¡Qué gran idea!

H. Qué cosas se imagina. Ana Cristina todavía está en el aeropuerto y observa a un muchacho extranjero que parece estar perdido. Ella se pregunta quién será. Escribe las dos formas que expresan posibilidad en el presente.

Ejemplo: ser vasco
Me imagino que es vasco.
Será vasco.

1. no hablar español

_____
_____

2. estar de viaje

_____
_____

3. perder su vuelo

_____
_____

4. quedarse sin dinero

_____
_____

5. ir a Madrid

_____
_____

6. querer divertirse en Madrid

_____
_____

I.   ¡Quién sabe! Observa con atención el siguiente dibujo cómico y escribe un pequeño párrafo expresando lo que ves.

ADUANA

MENA

—Caliente, caliente...

_____
_____
_____
_____
_____
_____
_____
_____
_____
_____
_____
_____
_____
_____
_____

Ahora, contesta las siguientes preguntas relacionadas con el dibujo.

1. ¿Qué edad tendrá el chico?

_____

2. ¿Quién será el señor que está detrás del chico?

_____

3. ¿Qué llevará el señor del sombrero en la maleta?

_____

4. Este señor, ¿será contrabandista?

_____

LAS COMPARACIONES

J.   La lengua. Cuando Ana Cristina estaba en Nueva York no comprendió el uso del spanglish. César se lo explicó.

Completa los siguientes párrafos, utilizando las comparaciones de igualdad, superioridad o inferioridad adecuadas.

Hoy en día, _____ (more than) veinte millones de personas en los Estados
            1

Unidos hablan un mismo idioma, el 'spanglish': una lengua oral que usa _____ (as
                                                                         2

many) palabras inglesas _____ (as) palabras españolas, y las mezcla.
                         3

El spanglish es el resultado de un contacto cultural entre anglos e hispanos. Y nació con las primeras emigraciones a Norteamérica.

Hoy en día, en los barrios latinos, las nuevas generaciones, estadounidenses de nacimiento, son bilingües y hablan español o spanglish _____4_____ (*just as well as*) inglés. Para ellos, el inglés no es una barrera que les impide el acceso al mercado laboral.

Sin embargo, los más viejos hablan inglés _____5_____ (*worse than*) spanglish. Por tanto, la barrera que separa a los hispanohablantes y a los anglohablantes es _____6_____ (*bigger*) en este caso.

En spanglish, las normas de la gramática son _____7_____ (*less important than*) la jerga de la gente de la calle. El spanglish nace en la calle y es una lengua _____8_____ (*more anarchic than*) las dos lenguas madres: el inglés y el español.

En el spanglish, el inglés influye _____9_____ (*as much as*) el español. Y esa influencia es _____10_____ (*as old as*) la llegada histórica de los emigrantes latinos a los Estados Unidos.

Los lingüistas en las universidades cuestionan la validez del spanglish como lengua. ¿Hablar español es _____11_____ (*better than*) hablar spanglish? ¿Es el español una lengua _____12_____ (*more effective than*) el spanglish, en términos de comunicación? ¿Los hablantes de spanglish escriben _____13_____ (*worse than*) los hablantes de español? ¿Hay _____14_____ (*more Spanish speakers than*) hablantes de spanglish? Si _____15_____ (*more than 90%*) de los hispanos en los Estados Unidos hablan spanglish, ¿qué importa la gramática? Éstas y otras preguntas están en el centro del gran debate de hoy: ¿Spanglish, sí? ¿Spanglish, no?

K. Los superlativos. Las calles de las ciudades están siempre llenas de carteles publicitarios. Y las fórmulas favoritas de las agencias publicitarias son los superlativos: **"éste es el mejor perfume"**, **"este coche es el más rápido y el más seguro"**, **"este crucero por Hawai es el más divertido"**, etc.

En las calles de los barrios hispanos de Nueva York, hay carteles publicitarios en español. En las calles de Madrid hay carteles publicitarios. También hay carteles en el aeropuerto de Buenos Aires, en las calles de Lima, en México... Hay carteles publicitarios por todas partes.

Imagina que trabajas en una agencia publicitaria y tienes que inventar tres anuncios en español muy originales, usando el superlativo. Lee con atención los lemas (*slogans*) de la página 22 y después inventa tus propios anuncios.

SI MÁS DE 500 MILLONES DE PERSONAS USAN JEANS TODOS LOS DÍAS, ¿SERÁ QUE TAL VEZ SON LOS PANTALONES MÁS CÓMODOS?

Harley Davidson:
el secador de pelo más caro del mundo

BAR PK2
EL BAR MÁS DIVERTIDO Y
"PECAMINOSO" DE LA CIUDAD

Viaje al Caribe
y conocerá las playas más maravillosas del mundo

Lema publicitario 1:

_____

_____

_____

Lema publicitario 2:

_____

_____

_____

Lema publicitario 3:

_____

_____

_____

L. Comparando hoteles españoles. Completa las siguientes oraciones con los elementos de comparación que hacen falta (**más/menos... que, más/menos... de, tanto/-a/-os/-as... como**) o los superlativos adecuados.

1. Los precios del parador de turismo de Cáceres eran bastante caros. Una habitación individual por noche costaba _____ _____ 6.500 pesetas.

2. De hecho, los hoteles _____ caros _____ España son los paradores. Por eso, casi nunca voy a los paradores.

3. La habitación que tuve en el hotel Carlos V en Toledo costaba sólo 3.785 pesetas y era mucho _____ grande que la habitación en Cáceres.

4. Además, el desayuno en el hotel de Toledo costaba _____ _____ 400 pesetas y el desayuno en el parador costaba _____ _____ doble. En el parador desayuné un café con leche y una tostada; y fue la tostada _____ cara _____ he comido en la vida.

5. Cáceres es una de las ciudades _____ calurosas de España. Y el calor es _____ seco _____ en cualquier otra ciudad del sur de España. En la habitación del parador de turismo de Cáceres hacía _____ calor _____ en la habitación del hotel de Toledo. Eso era así porque las habitaciones del parador tenían aire acondicionado y las habitaciones del hotel no.

6. El número de turistas en Cáceres y en Toledo es muy similar. Había _____ turistas en Cáceres _____ en Toledo.

7. En Toledo hay muchos monumentos históricos famosos. Por Toledo pasa el río _____ largo _____ la Península Ibérica. Se llama río Tajo. Por eso, Toledo es _____ rica _____ otras ciudades por su importante patrimonio histórico y geográfico. Sin embargo, Toledo es _____ conocida que las ciudades mediterráneas, porque en Toledo no hay playa. A los turistas extranjeros les gusta Alicante _____ _____ Toledo.

8. Conozco Toledo _____ _____ Cáceres, porque en Cáceres no pude salir mucho. Después de pagar la habitación del parador, ¡no tenía dinero para visitar los museos, los restaurantes u otros lugares en la capital cacereña!

¡OJO CON ESTAS PALABRAS!

M. El diálogo. Completa el diálogo con la(s) palabra(s) apropiada(s).

SUSANA: ¿Cuánto _____ (tiempo / rato) estuviste en Toledo?

1

ELENA: Estuve solamente un día y no tuve _____ (rato / tiempo) para nada. El

2
año pasado visité varias _____ (épocas / veces) la ciudad de Toledo y

3
_____ (me divertí / me acabé) mucho.

4

SUSANA: ¿Cuál es la mejor _____ (época / vez) para visitar la ciudad?

5

ELENA: En la primavera, antes de la llegada de los turistas. Sin embargo, Raúl
_____ (acaba / acaba de) escribirme que este año, debido al buen

6
_____ (tiempo / rato), el turismo ya ha comenzado. Dice que es la

7
primera _____ (época / vez) que ve tanta gente por las calles en el mes

8
de abril.

SUSANA: ¿Tienes algunas fotos de Toledo?

ELENA: Sí, saqué muchísimas. Si me esperas un _____ (rato / tiempo) te las

9
muestro.

SUSANA: Vendré otro día. Es _____ (hora / época) de volver al trabajo.

10

AMPLIACIÓN Y CONVERSACIÓN

N. El spanglish. Lee el artículo de la siguiente página y responde a las preguntas. (Utiliza el siguiente mini-diccionario para averiguar el significado de algunas expresiones en **spanglish**.)

No están todos los que son pero sí son todos los que están.
Breve diccionario de spanglish.

blofear	to bluff	engañar, farolear
chequear	to check	comprobar
guachar	to watch	mirar
hacer drink	to have a drink	beber
hacer go	to go	irse
janguear	to hang around	haraganear
liquear	to leak	gotear
lonchar	to have lunch	comer, almorzar
mapear	to mop	fregar
puchar	to push	empujar
realizar	to realize	darse cuenta
rinsear	to rinse	enjuagar
remover el pelo	to remove the hair	depilar
taipear	to type	escribir a máquina
vacunar	to vacuum	pasar la aspiradora
apoinmen	appointment	cita
beisman	basement	sótano
bilding	building	edificio
blouer	to blow hair	secar el pelo
boila	boiler	calefacción
brasier	brassiere	sujetador
chance	chance	oportunidad
carpeta	carpet	alfombra
cloche	clutch	embrague
closet	closet	armario
complain	complaint	queja
cora	quarter	moneda de 25 centavos
corna	corner	esquina
establecimiento	establishment	clase dirigente
estorma	storm	tormenta
estreet	street	calle
frizado	frozen	congelado
qüindo	window	ventana
jira	heater	calentador
marqueta	market	mercado
mofle	muffle	tubo de escape
obertain	overtime	horas extra
rufo	roof	techo
rula	ruler	regla
suera	sweater	jersey
troba	trouble	problema
tan	tan	bronceado
uaifa	wife	esposa
ziper	zipper	cremallera

Sección Cultura   Ejemplar gratuito

SPANGLISH: una lengua entre dos mundos

Ignorando todos los diccionarios, hoy más de veinte millones de personas en Estados Unidos hablan un mismo idioma, el 'spanglish', una lengua oral que mezcla el inglés y el español sin hacer caso de la gramática.

En el Harlem hispano de Nueva York, y en otros cientos de barrios de Norteamérica de sangre latina, una nueva lengua se expande. No es spanish, ni mucho menos; ni inglés, *of course not.* Es el *spanglish,* idioma de la calle. Y este idioma es la zona fronteriza anárquica entre dos mundos en contacto: el hispano y el inglés. Nació así con las primeras emigraciones a Norteamérica.

El spanglish se desarrolla cada vez más y más. En el *spanglish* no hay normas gramaticales, para hacer más llana la comunicación oral. El *spanglish* es como un español repleto de anglicismos, o como un inglés de inconfundible acento hispano.

En los ambientes académicos, el *spanglish* tiene defensores y atacantes. Los defensores creen que es una nueva lengua con identidad propia. Los atacantes opinan que el *spanglish* desaparecerá cuando aumente la educación de las clases medias hispanas en los Estados Unidos.

El peligro del *spanglish* es convertirse en un callejón sin salida que no ayuda a escapar del gueto.

Este lenguaje es patrimonio exclusivo de mexicanos, puertorriqueños, cubanos, dominicanos, colombianos, centroamericanos y otros hablantes de origen hispano. Un español o un anglosajón puros no pueden entender el significado de las expresiones más características del *spanglish.* Esa barrera lingüística levanta un muro infranqueable que impide el acceso laboral.

Sin embargo, hablar en *spanglish* no es un crimen. El *spanglish* es una lengua rica y hermosa. Muchos de sus hablantes trabajan *obertain* toda la semana, pero el *sunday* van de compras a la *marqueta* y pasan la tarde *guatchando* la televisión o haciendo *drinks* con los amigos. Otros hablantes incluso transforman el *spanglish* en poesía. Por ejemplo, los raperos del reino hispanoamericano lo toman en las letras de sus canciones. Y el *hip hop* bilingüe está en los primeros puestos en las listas de éxitos. También la salsa latina baila al son del *spanglish.* E incluso famosos poetas, como Piedro Pietri, neoyorquino nacido en Puerto Rico, publican sus obras en esta nueva lengua. Éste es el pasado y el presente del *spanglish.* ¿Cuál será su futuro?

1. ¿Dónde se expande una nueva lengua: el *spanglish*?

   _____

   _____

   _____

2. ¿Hay normas gramaticales en el *spanglish*? ¿Para qué?

   _____

   _____

   _____

3. ¿Qué creen los defensores del *spanglish*?

   _____

   _____

   _____

4. ¿Qué opinan los atacantes del *spanglish*?

   _____

   _____

   _____

5. ¿Cuál es el peligro del *spanglish*?

   _____

   _____

   _____

6. ¿De quiénes es patrimonio este lenguaje?

   _____

   _____

   _____

7. ¿Qué tipos de música utilizan el *spanglish*?

   a. _____

   b. _____

   c. _____

O. El debate. Imagina que estás participando en un debate informal y tienes que defender tu opinión:

   a. el *spanglish* es una lengua con identidad propia, o
   b. no es una lengua y desaparecerá.
   Organiza tus argumentos para lograr convencer a tus contrarios.

   _____

   _____

   _____

   _____

José está esperando a Rosita y a Pili en el aeropuerto de JFK de Nueva York. El avión llega con mucho retraso y está un poco preocupado. Completa los siguientes pensamientos de José con la(s) palabra(s) apropiada(s).

1. Mis amigas Rosita y Pili vienen _____ (muchos tiempos / muchas veces) a Nueva York para pasar las vacaciones conmigo.

2. Los tres juntos siempre _____ (nos divertimos / tenemos un buen tiempo). Por eso las invito a venir todos los veranos.

3. En _____ (el tiempo / la época) del verano, los vuelos no son muy baratos. Pero nosotros sólo tenemos vacaciones en agosto. Durante el resto del año, trabajamos todo _____ (el tiempo / la época) y nunca tenemos _____ (tiempo / hora) para pasar un fin de semana juntos.

4. Este mes de agosto ellas vienen por poco _____ (tiempo / rato) a mi casa en Nueva York, porque quieren visitar el resto de la costa este de los EE.UU. Yo iré con ellas. _____ (Cada tiempo / Cada vez) que estamos juntos, queremos viajar y conocer nuevos lugares.

5. La azafata dice que el avión ya está aquí. ¡Ya es _____ (tiempo / hora)! Son las tres de la tarde y el avión llega con dos _____ (ratos / horas) de retraso.

6. ¡No puedo creer que voy a ver a mis amigas _____ (dentro de un rato / en un corto tiempo). ¡Estoy tan contento! Hace _____ (tiempo / hora) que estoy esperando este momento.

P. Preguntas personales. Contesta las siguientes preguntas.

1. ¿Cuáles son las ventajas de viajar en avión?

_____

_____

2. ¿Qué es un pasaporte y para qué sirve?

_____

_____

3. ¿Cuáles son algunos de los trabajos de la azafata (el aeromozo) durante el vuelo? ¿Qué anuncian? ¿Qué sirven? ¿A quiénes atienden?

_____

_____

4. ¿Por qué muchas personas tienen miedo de viajar en avión?

_____

5. ¿Qué hace la persona que trabaja en la recepción de un hotel?

   _____

   _____

6. ¿Qué debe saber un(a) turista que llega por primera vez a los Estados Unidos?

   _____

   _____

7. ¿Cuáles son, según tu opinión, algunas de las ventajas de los hoteles de cinco estrellas (★★★★★)?

   _____

   _____

8. ¿Qué planes de viaje tienes para el futuro?

   _____

   _____

   _____

Nombre: _____ Fecha: _____

Lección 3 ¿Cómo son los estudios en tu país?

VOCABULARIO PARA LA COMUNICACIÓN

A. En la universidad. Completa las siguientes oraciones seleccionando la(s) palabra(s) precisa(s) de la lista. Si es necesario, conjuga los verbos.

beca	calificaciones	catedráticos
conferencia	Facultad	lectura
matricularse	reprobar	título
tomar apuntes		

1. Para entrar a una universidad, primero hay que _matricularse_.

2. En la _Facultad_ de Filología se estudian varias lenguas y literatura.

3. Los _catedráticos_ son profesores que enseñan en la universidad.

4. Los estudiantes que salen bien en los exámenes reciben buenas _calificaciones_.

5. El profesor dio una _conferencia_ sobre el sistema educativo en los Estados Unidos. Después nos dio fotocopias de una _lectura_ sobre el tema. Su autor era un periodista del *New York Times*.

6. Los malos alumnos generalmente _reprueban_ el curso.

7. Si un buen estudiante desea estudiar en una universidad extranjera y no tiene dinero, puede solicitar una _beca_.

8. Al terminar la licenciatura el estudiante recibe su _título_ profesional.

9. Los estudiantes _toman apuntes_ durante las conferencias para poder recordar la materia.

ESTRUCTURAS

LOS VERBOS REFLEXIVOS

B. Problemas estudiantiles. A veces, debido a la tensión del estudio, hay dificultades entre los profesores y los alumnos. Lee con atención el diálogo entre Manolo y Virginia, dos estudiantes de la Universidad de Lima. Después, completa el espacio con el pronombre reflexivo si el verbo es reflexivo. Si no es reflexivo, pon **0**.

MANOLO: ¿Tú _te_₁ acuerdas de aquella reunión en la que los estudiantes _0_₂ negaban a leer tantos libros?

VIRGINIA: ¡Ya lo creo! Fue la semana pasada.

MANOLO: Pues bien, _me_₃ parece que a la profesora le molestó la actitud de los muchachos y no quiso hablar del asunto.

VIRGINIA: ¿Y qué pasó?

MANOLO: Los estudiantes _se_₄ acordaron presentar una queja al rector de la universidad y _0_₅ fueron a verlo a su despacho. El rector _0_₆ llamó a la profesora y todos _se_₇ sentaron a hablar del asunto. La profesora, con voz firme, dijo: "Si no leemos todos los libros no cubriremos la materia y yo no _se_₈ sentiré satisfecha".

VIRGINIA: ¿Comprendieron los chicos las razones que dio la profesora?

MANOLO: Así dicen. Lo cierto es que los estudiantes ___se___ calmaron, ___Ø___ despidieron del rector y ___se___ fueron a preparar la prueba.
  9   10
  11

C. Por la mañana. Mónica se levanta todas las mañanas a las ocho de la mañana. Tiene clase de creatividad a las nueve de la mañana en la Facultad de Publicidad. Antes se ducha, se lava el pelo, se lo seca, se viste y desayuna a toda velocidad. Aunque no tiene mucho tiempo, Mónica siempre se maquilla todas las mañanas, antes de ir a la universidad. Se pone crema de maquillaje; se pinta con sombras de ojos; se pinta los labios, se pone rimel en las pestañas... y sale de casa guapa y contenta. ¡Es una coqueta! ¿Qué haces tú por la mañana antes de salir de casa? ¿Te duchas? ¿Te afeitas? ¿Desayunas? Escribe cuatro oraciones utilizando verbos reflexivos. Escribe otras cuatro oraciones utilizando verbos no-reflexivos.

1. Me levanto todas las mañanas a los siete.
2. Antes me ducho, me visto.
3. Aunque tengo mucho tiempo no me afeito.
4. Siempre me lavo los dientes depués de comer.
5. A menudo, desayuno antes de las ocho.
6. Frequentamente, lavo los platos.
7. A veces, leó el periodical
8. Antes de salir por fin, camino el perro.
   paseo

LOS VERBOS SER, ESTAR, HABER, TENER Y HACER

D. ¿Cómo estás? Termina la oración usando **estar** + *adjetivo*. Pon atención al tiempo verbal. Si deseas, puedes usar algunos de los siguientes adjetivos.

preocupado	nervioso	contento	alegre
cansado	emocionado	furioso	ocupado
preparado	triste	satisfecho	atrasado

Ejemplo: Cuando voy a la clase de español siempre *estoy preparada*.

1. El día del examen todos los estudiantes...
   están nerviosos

2. Cuando saco una A...
   estoy satisfecho.

3. Generalmente, los lunes mis amigos y yo...
   estamos triste porque no es el fin de semana

4. Al llegar el fin de semana todos...
   están alegres.

5. Mi hermana no encuentra sus libros, por eso...
   esta furiosa

E. *¿Ser o estar?* Observa el dibujo y completa las oraciones con la forma correcta de **ser** o **estar**.

1. El señor ___está___ muy contento porque cree que su perro ___es___ muy inteligente.

2. El perro ___está___ sentado frente a su dueño.

3. El señor no ___es___ muy joven. Parece que ese señor ___está___ aburrido de la vida.

4. La esposa, que ___es___ muy joven, ___está___ detrás del señor.

5. La señora ___está___ furiosa porque su esposo ___está___ hablando con el perro y no con ella.

F. **El sistema educativo hispano.** Lee el siguiente artículo y contesta las preguntas que siguen.

El sistema universitario tradicional ES anual. Y las carreras SON de tres años (como Magisterio), cuatro (como Ingeniería Técnica), cinco (como Filosofía) o seis años (como Medicina o Ingeniería Superior). Las asignaturas en cada carrera SON siempre las mismas. Si un estudiante estudia Arquitectura, sus asignaturas SON, obligatoriamente, matemáticas, física, dibujo técnico, estética, historia del arte... Si un estudiante estudia Periodismo, sus asignaturas SON comunicación de masas, teoría económica, lengua, derecho constitucional a la información, etc. Los estudiantes no eligen. Cada año se matriculan en las asignaturas obligatorias.

Los exámenes también SON anuales. Hay dos convocatorias anuales para cada asignatura. La primera ES en junio, y la segunda ES en setiembre. En general SON seis o siete asignaturas por curso. Por tanto, junio ES el peor mes para todos los estudiantes. En junio, las bibliotecas ESTÁN llenas de gente; los despachos de los profesores ESTÁN llenos de estudiantes con millones de dudas. Los alumnos ESTÁN nerviosos y cansados; y los profesores ESTÁN deseosos de terminar. El tiempo ES bueno, ya ES verano; y los estudiantes no ESTÁN con ganas de estudiar. Los exámenes SON difíciles porque SON de toda la materia estudiada en todo un año. Y después de dos semanas de exámenes, los estudiantes ESTÁN para desmayarse de estrés.

Actualmente el sistema ESTÁ cambiando. En muchas partes del mundo hispano, las universidades ESTÁN incorporando el sistema de las asignaturas optativas. Y también en algunos países se ESTÁ transformando el sistema anual en sistema semestral. Los estudiantes van a tener que acostumbrarse a ¡estudiar menos materia! ¡más veces al año!

1. ¿Cómo es el sistema universitario hispano? ¿Es anual, semestral o trimestral?

El sistema universitario hispano es Anual

2. ¿De cuántos años son las carreras universitarias?

Son Es Ingeniería Técnica

3. ¿Cúales son las asignaturas de un estudiante de Arquitectura?

Son obligatamente, mámaticas fisica, dibujo técnica

4. ¿Cómo son los exámenes?

Son en junio, difíciles.

5. ¿Cuándo son las dos convocatorias de exámenes?

Anuales para cada asignatura.

6. ¿Cómo están las bibliotecas en junio?

Son Están llenas

7. ¿Cómo están los alumnos en época de exámenes? ¿Y los profesores?

Están nerviosos y cansados

8. ¿Por qué son difíciles los exámenes de junio?

Porque son de toda la materia estudiada en todo un año.

9. ¿Prefieres el sistema anual o el trimestral? ¿Por qué?

Prefiero el trimestral, porque hay más tiempo libre.

G. Primer día de clase de Chad. Completa las oraciones con la forma correcta de **ser, estar, tener, haber** o **hacer.**

Hoy __es__ el 3 de marzo. __Son__ las ocho de la mañana. Mientras desayuna, Chad __está__ escuchando la radio. El periodista dice que __hace__ fresco pero el cielo __está__ claro y no __hay__ nubes. La temperatura en este momento __está__ de once grados centígrados. Se anuncia que hasta el mediodía va a __hacer__ sol y la temperatura subirá hasta quince grados.

Chad no __tiene__ frío. De hecho, él __está__ sudando. Chad __está__ muy nervioso, porque hoy __es__ su primer día de clase en la Universidad de Lima. Chad __tiene__ ganas de conocer a sus nuevos compañeros de clase, pero __tiene__ miedo de los profesores. Él __es__ muy buen estudiante y siempre tiene buenas notas. Pero este año él __tiene__ que estudiar mucho porque las clases en la universidad peruana __son__ muy difíciles. Él sabe que __hay__ más de cien estudiantes en cada clase. Y por eso, __está__ nervioso.

Nombre: _____ Fecha: _____

La radio dice que ya __son__ las ocho y media. Su clase de las culturas prehispánicas __es__
20   21
a las nueve. Chad __tiene__ que correr, porque no quiere llegar tarde a clase el primer día.
22

H. Expresiones importantes. Completa las oraciones usando una de las siguientes expresiones.

estar de acuerdo	tener sueño
estar de vacaciones	tener cuidado
estar harto	tener prisa
estar de viaje	tener razón

Ejemplo: —¿Está de mal humor la profesora?
—*Sí, y creo que* **tiene razón.** *Los estudiantes no han hecho la tarea.*

1. —¿Por qué no llama Juan?
   ___Porque ~~tengo prisa~~. estoy harto de Juan.___

2. —¿Por qué corres tanto?
   —___tengo prisa___ por llegar a la oficina de mi profesor para entregar mi proyecto antes
   de las cinco.

3. —¿Tendremos otra reunión si los estudiantes no ___están de acuerdo___ con el proyecto?
   —Por supuesto, pero por ahora, creo que todos nosotros ___estamos sueño___ de reuniones.
   ___tenemos___

4. —¿Por qué se van Uds. a acostar tan temprano?
   ___tenemos sueño___

5. ¿Qué le pasa a esta niña que se cae constantemente?
   —No ___tiene cuidado___ al caminar.

6. —Hace dos semanas que no veo a tus hermanas. ¿Dónde están?
   —___Están de viaje___. Hoy regresan.

I. Un informe. Desde esta mañana Chad y algunos de sus compañeros están buscando libros para un informe sobre el Imperio Azteca que tienen que presentar mañana en su clase de culturas prehispánicas. Emplea la forma progresiva y completa la oración.

Ejemplo: **Buscamos** referencias sobre...
Estamos buscando *referencias sobre la civilización de los aztecas en México.*

Del 2 al 17 de noviembre

MUESTRA DEL LIBRO MEXICANO

en la **Casa del Libro** ESPASA-CALPE

Junto a un amplio catálogo de las obras de los más destacados editores de México, también se puede admirar una representación de la Artesanía y del folklore del país hermano.

Todas las especialidades estarán presentes en la muestra: novela, historia, arte, biografía, ciencias...

Horario ininterrumpido de 10 a 20'30

Casa del Libro ESPASA-CALPE

Gran vía, 29

Ante el nuevo curso...

La Universidad te espera.

SI NECESITAS LOS LIBROS DE TEXTO...

¡Ven a la **Casa del Libro** ESPASA-CALPE

Los tenemos todos porque nuestra especialización está exclusivamente dedicada a los libros. Y en este momento nos hemos preocupado de que no te falte ni uno...

¡Tus libros de texto!

Casa del Libro ESPASA-CALPE

1ª Edición, Gran Vía, 29
2ª Edición, Maestro Victoria, 3

Horario ininterrumpido de 10 a 20'30

---

1. **Esperamos** la apertura de la Casa del Libro para...

   Estamos esperando la apertura de la casa del Libro para aprender

2. La Casa del Libro **trata** de ayudar a los estudiantes ofreciéndoles...

   La casa del Libro está tratando de ayudar a los estudiantes ofreciéndoles mucha información

3. Esta semana en la Casa del Libro **presentan** una Muestra del Libro Mexicano y todos nosotros podemos...

   Esta semana en la Casa del Libro están presentando una Muestra del Libro Mexicano y todos nostros podemos encontrar algunos novelas, historia, arte, etc...

4. Chad **prepara** su informe sobre la artesanía...

   Chad está preparando su informe sobre la artesanía del México

5. Juan **piensa** comprar algunos libros para...

   Juan esta pensando comprar algunos libros para ayudar con el proyecto.

6. Como nosotros **comenzamos** el nuevo curso, queremos...

Como nosotros estamos comenzando el nuevo curso, queremos más libros

EXPRESIONES DE OBLIGACIÓN Y PROBABILIDAD

J. Y después de la licenciatura... ¿qué? Selecciona en cada caso una de las siguientes formas: **tiene que, debe (de), hay que, han de, deben, tienen que.**

Los estudiantes, con el título de licenciado en la mano y la sonrisa en la boca, de repente se dan cuenta de que tienen que decidir cuál será el siguiente paso. ¿Dejar de estudiar y buscar un trabajo? ¿O seguir estudiando? Cuando un estudiante decide seguir estudiando, en el Perú, puede hacer un máster o entrar en un programa de doctorado.

Para hacer el programa de doctorado, el estudiante _tiene que_ (1) matricularse y asistir a cursos durante dos años. En esos cursos, la investigación es muy importante y _hay que_ (2) dedicar mucho tiempo a buscar documentación y leer libros y artículos. Otro requisito es que _debe de_ (3) escribir un trabajo al final de cada curso, para demostrar que ha aprovechado el tiempo. Supuestamente, esos trabajos _deben de_ (4) estar relacionados con el tema de la tesis. Y, supuestamente también, _hay que_ (5) ayudar al estudiante a convertirse en un futuro y eficaz investigador.

Después de los dos años tomando cursos, el estudiante _tiene que_ (6) escribir la tesis. En todas las tesis _hay que_ (7) descubrir algo nuevo, ser original, demostrar o resolver algún problema. Por eso, los estudiantes, antes de empezar a escribir, _deben de_ (8) dedicar tiempo a pensar y reflexionar sobre sus teorías. Y después de terminar de escribir, _hay que_ (9) dedicar tiempo a releer y corregir los posibles errores.

En la mayoría de las universidades peruanas, los estudiantes _tienen que_ (10) defender su tesis ante un tribunal. Y si el tribunal acepta la tesis, el estudiante se convierte en doctor.

A esas alturas, probablemente, el estudiante _ha de_ (11) tener hijos, nietos y, tal vez, bisnietos (great grandchildren).

K. ¡Teléfono de Información al Joven! Imagina que trabajas en la Oficina de Información al Joven. Los estudiantes llaman todos los días al 900 20 00 00 para pedir información sobre becas y ayudas, másters y cursos de postgrado, carreras universitarias, estudios en el extranjero, etcétera. Tú tienes que darles la información necesaria. Utiliza las expresiones de obligación y probabilidad siguientes: **tener que** + *infinitivo*, **deber (de)** + *infinitivo*, **haber (hay) que** + *infinitivo*, **haber de** + *infinitivo*.

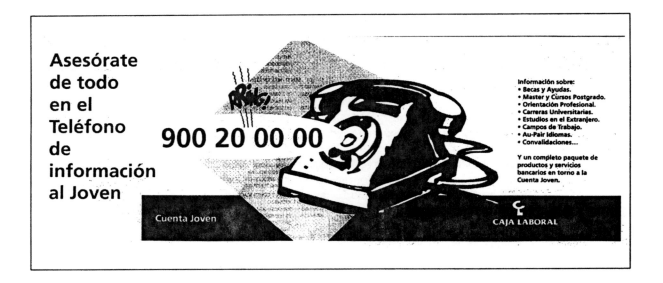

Información sobre:
• Becas y Ayudas.
• Master y Cursos Postgrado.
• Orientación Profesional.
• Carreras Universitarias.
• Estudios en el Extranjero.
• Campos de Trabajo.
• Au-Pair Idiomas.
• Convalidaciones...

Y un completo paquete de productos y servicios bancarios en torno a la Cuenta Joven.

Ejemplo: ESTUDIANTE: Buenos días. Quiero pedir una beca para estudiar. ¿Qué tengo que hacer?

TÚ: *Para pedir una beca, **hay que cumplir** unos requisitos necesarios. **Hay que tener** poco dinero y **hay que ser** muy buen estudiante. Si tú eres buen estudiante, **tienes que pedir** dinero al Gobierno. Las becas se solicitan el próximo mes. **Tendrás que pedir y rellenar los formularios** entonces y **tendrás que enviar** tu currículum y tu Declaración de Renta a la Oficina de Becas del Gobierno. **Debes preparar** tu currículum muy cuidadosamente, porque más de 200.000 estudiantes **deben de estar** preparando sus currículums ya.*

1. ESTUDIANTE: Buenos días. Quiero ir a estudiar al extranjero, tal vez a México. ¿Qué tengo que hacer?

TÚ: Para ir a estudiar a Mexico, Debes de encontrar una universidad que quieres ir. Tienes que buscar a un curriculum y matricularte. Debes de ganar un poco de dinero antes de ir.

2. ESTUDIANTE: Hola. Quiero ser *Au-Pair* en los Estados Unidos. ¿Qué tengo que hacer?

TÚ: Para se Au-Pair, hay que salvar más dinero antes de viajar. Ahora debes de empezar estudiar.

3. ESTUDIANTE: Quiero matricularme en la Facultad de Medicina. ¿Qué tengo que hacer?

TÚ: *Hay que pensar sobre que quieres hacer en la vida. Si, quieres ser un doctor, then matriculete.*

4. ESTUDIANTE: Quiero estudiar un máster en Medio Ambiente. ¿Qué tengo que hacer?

TÚ: *Ya tienes un título? Si? Luego, matriculete a su escuela favorita.*

LAS PREPOSICIONES *EN* Y *DE*

L. **Escoge.** Contesta las preguntas con **en** o **de**.

Ejemplo: —¿Dónde dejaste tu pluma?
—La dejé *en* la mesa pero ahora no la encuentro.

1. —¿Qué origen tiene tu compañero(a) de clase?
   —Es *de* Argentina. Nació *en* la ciudad de Córdoba.

2. —¿Cómo te sientes después del primer día de clase?
   —Mal, muy mal. Me muero *de* hambre.

3. —¿Cómo es la falda de tu uniforme escolar?
   —Es una falda marrón *de* algodón.

4. —¿Vendrás por mí después de tu clase de física?
   —*En* quince minutos estaré *en* tu casa.

5. —¿A quién le pertenece este libro?
   —Es *de* Matilde. Lo dejó *en* la clase.

6. —¿Dónde será la reunión de estudiantes graduados?
   —*En* la Facultad de Ingeniería.

7. —¿Por qué estás tan contenta?
   —Siempre me alegro *del* verte por aquí.

8. —¿Cuándo piensas graduarte?
   —*En* junio, si Dios quiere.

¡OJO CON ESTAS PALABRAS!

M. Al final. Haz las siguientes actividades.

Completa el diálogo con la(s) palabra(s) apropiada(s).

EVA: ¡Hola, Jaime! ¡Cuánto tiempo sin verte! ¿No quieres _quitarte_ (quitarte / llevarte) el abrigo y sentarte a charlar un _rato_ (rato / tiempo) conmigo?

JAIME: Me gustaría, pero no cuento con mucho tiempo porque tengo un examen a la una. Además _estoy_ (estoy / soy) nervioso porque si _fracaso_ (fracaso / suspendo) el examen me van a echar de la universidad.

EVA: ¿Todavía _tomas_ (llevas / tomas) exámenes? Creí que habías _dejado de_ (quitado / dejado de) estudiar para montar tu propio negocio.

JAIME: Pues... lo intenté. Pero al final lo tuve que _dejar_ (dejar / quitar) porque el negocio _fracasó_ (fracasó / reprobó). Mi socio _se llevó_ (llevó / se llevó) todo el dinero.

EVA: ¡Qué mala suerte!

JAIME: Ahora tengo que irme porque _faltan_ (faltan a / faltan) quince minutos para la una y si _falto al_ (falto al / falto el) examen, ¡me muero!

EVA: ¿Dónde _está_ (está / es) el examen?

JAIME: ¡Uf! Bien lejos. En la Facultad de Filología.

EVA: Si quieres te _llevo_ (tomo / llevo) en mi coche.

JAIME: Gracias, pero prefiero caminar. ¡No me gusta _dejar de_ (dejar de / faltar de) caminar! Te llamaré muy pronto.

N. Hoy acaban las clases del trimestre de primavera. Los chicos y chicas están contentísimos, porque hoy, por la tarde, empiezan las vacaciones de verano. Sin embargo, hay algunos estudiantes que tienen que estudiar durante el verano. Completa la conversación entre estos dos amigos (uno de ellos es afortunado, y el otro no), utilizando **acabar, acabarse** o **acabar de**.

¡Maravilloso!... Hoy es el último día de clase. ¡Por fin _acabé_ el trimestre! No lo puedo creer. _Acabo de_ hacer el último examen y... me voy de vacaciones a Hawai. ¡Je, Je!
—Pero, ¿cuándo tienes que _acabar_ el trabajo de veinte páginas que es un requisito para aprobar tu clase de filosofía?
—Lo tengo que _acabar_ hoy por la noche y ¡ya está!
—¡Qué suerte tienes! Para ti, la vida universitaria _me acabé_ hoy, sólo te quedan unas pocas horas delante de la computadora. Y ya puedes empezar a buscar un trabajo... ¡en Hawai! Sin embargo, mírame a mí. _Acabo de_ matricularme hoy mismo en el curso de verano. Y ya estoy ¡AL BORDE DE UN ATAQUE DE NERVIOS!

AMPLIACIÓN Y CONVERSACIÓN

O. El voto. Lee el artículo siguiente y contesta las preguntas.

EL PERIÓDICO UNIVERSITARIO DE HORIZONTES

Sección Cultura   Ejemplar gratuito

Cada año los estudiantes votan y dan birretes o calabazas a las mejores o peores cosas en su universidad

BIRRETES Y CALABAZAS

Las votaciones estudiantiles de este curso académico no han terminado en la Universidad de Lima. Hasta el momento, 35.000 alumnos han depositado su voto en las urnas del campus. Pero muchos estudiantes no han votado todavía. Se cree que lo harán durante la última semana de clase. Si tú no has votado todavía, ¡anímate! ¡Es tu oportunidad para expresar tus quejas y tus gustos! Acércate a las mesas electorales situadas frente a la Facultad de Medicina. Toma una papeleta con el dibujo del birrete y escribe el nombre de la persona o cosa que merece un birrete en tu opinión. Después toma una papeleta con el dibujo de la calabaza y escribe el nombre de la persona o cosa que ha suspendido el curso. El 7 de junio es el último día para votar. ¡Date prisa! Los resultados de las votaciones se publicarán en todos los periódicos al día siguiente. ¡Vota! ¡Tu opinión es importante!

Roberto
Doy un birrete a la Asociación de Estudiantes de la Universidad, que defiende los derechos de los estudiantes. Esta asociación nos representa en las Sesiones Parlamentarias sobre Educación y el año pasado consiguió una reducción del precio de la matrícula del curso.

Cristina
Doy una calabaza a la semana de los exámenes finales. El estrés, la caza de apuntes y la preocupación sustituyen a la diversión, al relax y a los buenos ratos. Los exámenes son un agobio. Además, creo que no son una buena forma para evaluar los conocimientos del estudiante.

Borja
Doy un birrete a las fiestas de comienzo de curso. Las fiestas son una forma excelente para conocer gente y hacer buenos amigos. Las fiestas en el campus son muy divertidas, porque hay música, concursos, bailes... y todos lo pasan muy bien. Yo voy a todas las fiestas, pero la Fiesta de la Facultad de Económicas es mi favorita.

1. Cuando los estudiantes votan cada año, ¿qué dan a las mejores o peores cosas de la universidad?

   Votan en junio cada año. Las mejores son la fiestas, y los peores son los examenes.

2. ¿Cuántos alumnos han depositado ya su voto en las urnas del campus?

   35.000 han despositado ya su voto.

3. ¿Cuál es el último día para votar?

   El 7 de Junio

4. ¿Dónde se publicarán los resultados de las votaciones?

   En los periódicos. todos.

5. ¿A quién da Roberto un birrete? ¿Por qué?

   La Asociación de Estudiantes, para defender los derechas de los estudiantes.

6. ¿A qué da Cristina una calabaza? ¿Por qué?

   Los examens, porque los examens son un agobio

7. ¿A qué da Borja un birrete? ¿Por qué?

   La fiesta porque se puede hacer amigos nuevos.

Nombre: _____ Fecha: _____

P. Opinión. Imagina que en tu colegio o universidad se van a celebrar unas votaciones para elegir la mejor cosa y la peor cosa del año. Escribe el nombre de la persona o cosa que merece un birrete en tu opinión. Explica las razones. Escribe también el nombre de la persona o cosa que merece una calabaza en tu opinión. Explica las razones.

Doy un birrete a la clase de español. Me ayuda aprandar una idiomas nueva. Para mi. Es mucha trabajo, pero la es enseñanza buena, y hay muchos compañeros de clase con hablar. quien

Doy un calabaza a mi otras clases, porque no son divertidos. Me aburren porque son más fáciles.

Q. Preguntas personales. Contesta las siguientes preguntas.

1. ¿Cuáles son las ventajas de vivir en una residencia estudiantil?

    Principalmente, se tiene más tiempo libre
    que gente trabajando

2. ¿Qué reformas te gustaría ver en la universidad? estar mas concentrado

    Quiero ver mas enfoque en ~~ayudar~~ aprender
    y no solomente en examen

3. ¿En qué facultad de la universidad estás inscrito(a)? ¿Cómo decidiste inscribirte en ésa?

    Solomente español. Lo Quiero aprender por
    mucho tiempo. Finalmente tengo ~~tiempo~~
    bastante tiempo libre para estudiar.

4. ¿Cuáles son algunas diferencias entre la universidad y la escuela secundaria?

    Depende de Facultad. Algunas Facultades
    son más en serio, sin embargo todas tienen
    más tarea.

5. ¿Qué piensas hacer después de terminar tus estudios?

    ya ha acabado con ~~saqu~~ un título de ingenería
    pero cuando acabo español, Me quesiera
    viajar en Sud America

6. ¿A qué hora te levantas para ir a la universidad? Y los sábados, ¿a qué hora te levantas?

    me levanto a las siete todos los dias, para
    que tengo bastante tiempo hacer todas
    cosas ~~~~ que quiero.

7. Di tres cosas que haces antes de salir para la universidad.

Aprender español, salvar algunos dineros, y encontrar un trabajo.

8. Di tres cosas que haces cuando vuelves a casa.

Primero, como algo, posiblimente tomo una siesta, y siempre camino (poseo) al perro.

9. ¿Quién estudia más, tú o tus compañeros(as)?

Yo, ¡por su puesto!

10. ¿En cuáles actividades participas cuando no estás en clase y cuando no tienes que estudiar?

Andaba en bicicleta mucho, a veces, voy a la playa.

Lección 4 *¡Qué grande es tu familia!*

VOCABULARIO PARA LA COMUNICACIÓN

A. **¡El lugar de trabajo es el segundo hogar!** El Licenciado Fernández siempre pasa sus crisis matrimoniales en la oficina. Cuando discute con su esposa, el Licenciado prácticamente vive en su oficina. Desayuna en la oficina, come en la oficina, pasa sus ratos libres en la oficina, duerme en la oficina, etcétera. Observa el dibujo e identifica cosas en la oficina del Licenciado que pertenecen en realidad a su casa. Luego, descríbelas según el siguiente modelo.

Ejemplos: *La almohada es del dormitorio de su casa.*
               El cepillo de dientes y la pasta de dientes son del baño de su casa.

1. La escoba es de la cocina de su casa.
2. Las ropas son del dormatorio de su casa.
3. El horno es de la cocina de su casa.
4. Los platos son de la cocina de su casa.
5. La olla es de la cocina de su casa.
6. El caudro es de la sala de su casa.
7. El sofa es de la sala de su casa
8. La manta es del la dormatorio de su casa
9. La estufa es de la cocina de su casa
10. La cafetera es de la cocina de su casa.

B. Comprando cosas para la casa. En los almacenes hay de todo. Un cliente extranjero que aún no sabe los nombres en español de muchas cosas se dirige al vendedor tratando de explicarle lo que desea. El vendedor trata de adivinar lo que el cliente desea. Ayúdale al vendedor.

Ejemplo: —Por favor, necesito un aparato que se usa para hacer café.
               —*¿Será una cafetera?*

1. —Necesito algo para barrer el piso.
   ¿Será una escoba?

2. —Busco una máquina para lavar la ropa.
   ¿Será una lavadora?

3. —Me hace falta un aparato doméstico grande para guardar y conservar los alimentos frescos.
   ¿Será una nevera?

4. —Quiero también una máquina para preparar jugos de fruta.
   ¿Será un exprimidor

5. —¿Podría decirme cómo se llama ese aparato para calentar el pan del desayuno?
   ¿Será una tostadora?

6. —Para mi cuarto necesito una manta para cubrir la cama.
   ¿Será una colcha?

7. —Para preparar los huevos necesito algo para freírlos.
   ¿Será un sartén?

8. —Finalmente, ¿podría darme ese aparato eléctrico que sirve para dejar las camisas y las blusas muy lisas y elegantes?
   ¿Será una plancha?

ESTRUCTURAS

C. Las formas del pretérito. ¡Aquella noche Lucas le dio una serenata a July! Lucas se enamoró a primera vista de July una noche de verano. Dos días después, él decidió ir a dar una serenata frente a la casa de ella. Lucas pensó: "¡Oh! Es muy tarde. Ya son las doce de la noche. Es muy tarde para cantar y tocar la guitarra. Voy a despertar a todos los vecinos de July si le doy una serenata ahora. Pero no me importa. Quiero cantar una canción de amor para July. Si su vecino se enfada y me tira un cubo de agua, ¡no me importa! Lo importante para mí es conseguir el amor de July." Por tanto, Lucas le fue a dar la serenata a su amada.

Completa el siguiente párrafo con el pretérito del verbo entre paréntesis, para contar lo que realmente ocurrió cuando Lucas fue a cantar a la ventana de July.

Aquella noche lo que _____occurrió_____ (ocurrir) fue lo siguiente: Lucas
                              1
_____llegó_____ (llegar) al portal y _____empezó_____ (empezar) a cantar. Un vecino de
       2   3
July, víctima del insomnio _____escuchó_____ (escuchar) la canción entera y le
                                    4

<u>gustó</u>₅ (gustar) mucho. Entonces, ese vecino le <u>tiró</u>₆ (tirar) una flor a Lucas. Sin embargo, July sí <u>se enfadó</u>₇ (enfadarse) con Lucas, porque la canción <u>despertó</u>₈ (despertar) a la abuelita enferma de July. July <u>tiró</u>₉ (tirar) un cubo de agua sobre la cabeza de Lucas y le <u>dijo</u>₁₀ (decir): "Querido Pavarotti, vete a casa. Son las tres de la mañana y ¡mañana tengo que levantarme a las seis!"

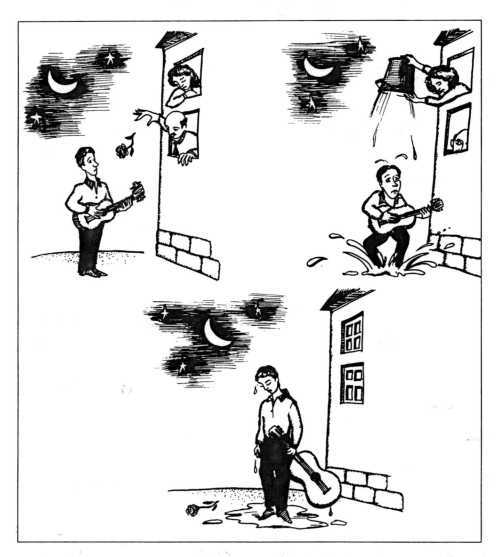

Observa el dibujo y cuenta ahora la historia con tus propias palabras, utilizando verbos en el pretérito. Escribe en otra hoja de papel si es necesario.

Lucas cantó y tocó la guitarra para July. El vecino de July le dio a Lucas una flor. A July se le enfadó. Ella tiró agua en él. El vecino miró de la vuelta. Lucas ~~tuvo~~ tuvo triste, y estuve mojado.

LAS FORMAS DEL IMPERFECTO DEL INDICATIVO

D. Visita a los parientes. Lee con atención el relato de los viajes que cada año hacían Patricia y Teresa a la casa de sus abuelos en La Paz. Complétalo usando el imperfecto.

1. Cuando mi hermana Teresa y yo __*íbamos*__ (ir) a La Paz, __*visitábamos*__ (visitar) a nuestros parientes y __*vistábamos*__ (visitar) nuestros lugares favoritos.

2. Con nuestros primos, __*jugábamos*__ (jugar) en un parque cerca de la casa.

3. El abuelo nos __*llevaba*__ (llevar) de compras a los mercados en el centro de la capital.

4. La abuela __*preparaba*__ (preparar) nuestros platos favoritos.

5. Nosotras __*ayudábamos*__ (ayudar) con los quehaceres domésticos.

6. El tío Juan nos __*llevaba*__ (llevar) al lago Titicaca y nosotros __*explorábamos*__ (explorar) las islas del Sol y de la Luna y las ruinas incas que se encuentran allí.

7. Todos __*eran*__ (ser) muy amables con nosotras.

EL PRETÉRITO VS. EL IMPERFECTO

E. ¡Tantos quehaceres domésticos! Completa los diálogos con el pretérito o el imperfecto de los verbos entre paréntesis y termina la oración.

1. —¿Por qué no __*colgaste*__ (colgar [tú]) la ropa esta mañana?
   —Porque __*quería*__ (querer [yo]) ir temprano a __*jugar al fútbol con mis amigos.*__

2. —¿__*Pasabas*__ (Pasar [tú]) la aspiradora?
   —No __*tenía*__ (tener, [yo]) ganas de hacerlo, pero __*lo haré mañana.*__

3. —¿Por qué no __*viniste*__ (venir [tú]) el otro día?
   —Porque __*me quedaba*__ (quedarse [yo]) trabajando y __*no pude salir.*__

4. —¿Qué tal la fiesta?
   —Magnífica. Francisco __*estaba*__ (estar) de buen humor y __*estaba*__ __*nosotros teníamos mucho divertido.*__

5. —¿Los niños __*hicieron*__ (hacer) la cama antes de ir a la escuela?
   —¡Qué va! __*Salieron*__ (salir [ellos]) corriendo y __*quisieron llegar a escuela en tiempo.*__

F. **Un dúplex para nosotros.** Completa los párrafos con el pretérito o el imperfecto de los verbos entre paréntesis.

Un mes antes de casarnos, Raúl me ~~llevó~~ llevó (llevar) al dúplex que había alquilado para nosotros. Mientras nosotros subíamos (subir) en el ascensor, yo pensaba (pensar) si verdaderamente me gustaría vivir allí. De pronto Raúl me tomó (tomar) de la mano y me dijo (decir) que muy pronto ése sería nuestro hogar.

El dúplex tenía (tener) tres habitaciones: la sala, el comedor y la cocina estaban (estar) en la parte baja. Unos seis escalones separaban (separar) la parte baja de la superior donde había (haber) un dormitorio grande y lleno de luz. De pronto Raúl me abrazó (abrazar) y pronunció (pronunciar) estas palabras: "Bienvenida a nuestro hogar, dulce hogar".

G. **Recuerdos de mi infancia.** Completa los párrafos con el pretérito o el imperfecto de los verbos entre paréntesis. Escoge el verbo ser o estar seguñ necesario.

Cuando mi hermano y yo estábamos (ser/estar) pequeños, íbamos (ir) a la casa de nuestros abuelos con mucha frecuencia. Ellos vivieron (vivir) en una casa bonita en Potosí. Cuando nuestros padres nos anunciaba (anunciar) que iríamos a pasar nuestras vacaciones allí, nos poníamos (ponerse) muy alegres.

La casa era (ser/estar) pequeña y era (ser/estar) en el centro de un jardín. El abuelo cuidaba (cuidar) las plantas. Todas las mañanas él se levantaba (levantarse) muy temprano y cortaba (cortar) flores para toda la casa.

Muy cerca de la casa había (haber) un pequeño río. Recuerdo que una vez el abuelo nos llevó (llevar) a pescar; y mientras mi hermano y yo nos divertíamos (divertirse), él sacó (sacar) un pez muy grande para la cena. Mamá se alegró (alegrarse) muchísimo y esa noche la cena estuvo (ser/estar) muy especial.

H. **La casa de mi infancia.** ¡Ahora te toca a ti! Escribe un pequeño párrafo, explicando cómo era la casa en la que tú vivías cuando eras niño(a) y qué pasó en una ocasión especial.

Cuando estaba el niño, mi casa era en el campo. Nosotros ~~tenia~~ teníamos caballos y pollos. Para ocasión especial manejábamos a la playa para pasar la semana.

Nombre: _____ Fecha: _____

I. Así se conocieron mis papás. Completa con el verbo apropiado la siguiente carta que Mónica le escribió un día a su amiga Inma.

Querida Amiga:

Hoy quiero contarte cómo se conocieron mis papás.

Hace veintiocho años, cuando mi mamá __trabajaba__ (1) (trabajó, trabajaba) en Sucre, y mi papá __estaba__ (2) (estuvo, estaba) de vacaciones también en Sucre, una noche __hubo__ (3) (hay, había, hubo) una gran tormenta. Mi mamá cuenta que aquella noche __hizo__ (4) (hacer, hizo, hacía) mucho frío; __llovió__ (5) (llovió, llovía, lloverá) muchísimo y el coche de mi mamá __se descompuso__ (6) (descomponerse, se descompuso, se descomponía) de repente. Mi mamá __tenía__ (7) (tuvo, debía, tenía, debió) que volver a casa pronto, porque ya __estaba era__ (8) (era, estaba) tarde. Y __tenía__ (9) (hacía, hizo, tenía, tuvo) miedo porque la noche __estaba__ (10) (era, estaba, fue, estuvo) muy oscura.

Ella __intentó__ (11) (intentó, intentaba) tomar un taxi, pero todos los taxis __estaban__ (12) (eran, estaban, fueron, estuvieron) ocupados. Ella no __tenía__ (13) (tenía, tuvo) un paraguas y su pelo __era estaba__ (14) (era, estaba, fue, estuvo) completamente mojado.

Entonces, mi papá __pasó__ (15) (pasaba, pasó) con su coche por enfrente de la parada del autobús. Y __vio__ (16) (veía, vio, verá) a una muchacha muy bonita pero muy mojada. Mi papá __se enamoró__ (17) (enamorarse, se enamoró, se enamoraba) de ella instantáneamente y, por eso, la __invitó__ (18) (invitó, invitaba) a subir al coche. Al principio, ella __desconfió__ (19) (desconfiaba, desconfió, desconfiar). Pero, pronto ella __se daba cuenta__ (20) (darse cuenta, se dio cuenta, se daba cuenta) de que aquel chico guapo __parecía__ (21) (pareció, parecía) una buena persona.

Mi mamá __se subió__ (22) (se subió, se subía) en el coche de mi papá. Y mi papá __la llevó__ (23) (la llevó, la llevaba) a casa. Cuando __llegaron__ (24) (llegaron, llegaban) a la casa de mi mamá, ellos no __querían__ (25) (quisieron, querer, querían) despedirse. Los dos __debieron__ (26) (tenían, tuvieron, debían, debieron) levantarse temprano al día siguiente, pero no __les importó__ (27) (les importaba, les importó). Sólo __querían__ (28) (querían, quisieron) estar juntos y hablar y hablar.

Aquella noche, ellos __estuvieron__ (29) (estaban, estuvieron, eran, fueron) en el coche hasta las tres de la mañana. Antes de marcharse, mi papá __le pidió__ (30) (le pidió, le pedía, le preguntó, le preguntaba) el número de teléfono a mi mamá. Y mi mamá se __lo dio__ (31) (lo dio, lo daba). Mi papá le __decía__ (32) (decía, dijo) que aquel momento era el más importante de su vida. Y le __dijo__ (33) (decía, dijo) que __iba__ (34) (fue, iba) a llamarla por teléfono muy pronto.

Al principio, mi mamá ___creía___ (creía, creyó) que él ___era___ 35 ___ 36 (fue, era, estaba, estuvo) un bromista. Pero al día siguiente, mi papá la ___llamó___ 37 (llamó, llamaba) por teléfono.

Durante un año, ellos ___salían___ (salían, salieron) todos los fines de semana, 38 se ___llamaban___ (llamaban, llamaron) por teléfono todos los días. Y cada día 39 ___estaban___ (estaban, estuvieron, eran, fueron) más enamorados. El 8 de febrero de 1978, 40 mi papá y mi mamá se ___casaron___ (casaron, casaban) y hoy todavía se aman. 41

J. Vidas paralelas. Lee a continuación las breves biografías de Amaya y Rebeca. Analiza los pretéritos y los imperfectos usados. Escribe después unas oraciones explicativas comparando cada etapa de sus vidas paralelas. Usa el pretérito o el imperfecto.

Ejemplo: *Amaya tocaba el piano mientras* (while) *Rebeca miraba televisión.*

Breve biografía de Amaya

- Cuando Amaya tenía siete años, estudiaba piano por mandato de sus padres. Su profesora le enseñaba piezas de Beethoven, pero a ella no le gustaban mucho.
- Cuando tenía trece años, Amaya iba a una academia de baile clásico. Su profesora tenía muy mal genio y a ella no le gustaba mucho ir a clase.
- Cuando tenía dieciocho años, Amaya empezó a salir con sus amigas, pero ella siempre tenía que estar en casa antes de las ocho de la noche. Su papá se enfurecía si ella llegaba tarde.
- Cuando tenía veintiún años, se casó con un banquero. Y, dos años más tarde, tuvieron un hijo.
- Su matrimonio fue muy tradicional. Como la mayoría de los hombres de la sociedad latina patriarcal, su marido siempre salía con sus amigos y ella se quedaba en casa.
- Amaya y su marido nunca se divorciaron.
- El día que ella cumplió cuarenta años, su marido se quedó en casa viendo un partido de fútbol. Ella fue a cenar sola al Café Paraíso de su barrio.

Breve biografía de Rebeca

- Cuando Rebeca tenía siete años, miraba la televisión todo el tiempo. Le gustaban las películas y los dibujos animados.
- Cuando tenía trece años, iba las tardes de los sábados a las discotecas infantiles y bailaba con sus amigos y amigas.
- Cuando tenía dieciocho años, Rebeca conoció a su primer amor. Los padres de Rebeca eran muy modernos. Por eso los dos enamorados pasaban mucho tiempo en casa.
- Cuando tenía veintiún años, se fue a vivir con un director de cine. Dos años más tarde, se separaron y Rebeca se fue a vivir con un escritor famoso. Tuvieron un hijo y lo educaron al estilo hippy.
- Rebeca se casó más tarde con un economista. Pronto se divorciaron y Rebeca se fue a vivir con un cantante de rock muy joven.
- El día que ella cumplió cuarenta años, su compañero tenía que tocar en un concierto de rock en la capital. Ella fue a cenar sola al Café Paraíso de su barrio.

K. Verbos con significados diferentes. Empareja las oraciones de la Columna A con las de la Columna B.

A	B
_e_ 1. Mi hermana no quiso acompañarme al cine.	a. Nos conocimos en 1983 en la cafetería de la residencia estudiantil.
_A_ 2. ¿Cuánto tiempo hace que conociste a tu esposo?	b. Lo siento pero fue imposible.
_B_ 3. ¿No pudiste cambiar la fecha de la reunión?	c. Entonces, ¿cómo se hicieron novios?
_f_ 4. Fernando nunca sabía la lección.	d. Sin su ayuda, ¿cómo lo terminaste al final?
_c_ 5. En esos días ya conocía a Elena pero no me gustaba.	e. ¿Por eso tuviste que ir sola?
_g_ 6. No supe que mi hija había dado a luz hasta que me llamó mi yerno. *(son-in-law)*	f. No me sorprende. No le gustaba estudiar.
_D_ 7. Quiso ayudarme pero no pudo.	g. ¿Cómo te sentiste al oír la buena noticia?
_h_ 8. Le dije que podía ir con él, pero que no quería hacerlo.	h. ¿Insistió él o te dejó en paz?

L. El amor de un pintor. Maggie y Johny son bolivianos y se conocieron hace muchos años. En 1985 Johny trabajaba como pintor. Maggie sabía que Johny era un buen pintor pero no lo conocía personalmente. Un día se conocieron por casualidad y se enamoraron a primera vista. Johny no sabía si Maggie era soltera o no. El Día de los Enamorados supo que ella no estaba casada por un comentario espontáneo de ella. Entonces le pidió una cita. Johny era muy tímido. Por su timidez, cuando se despidieron, él sólo pudo decirle a Maggie: "Amo tus ojos Número de Catálogo 152—Verde Irlanda de la Línea Vinikrom".

Contesta las siguientes preguntas con respuestas largas y completas.

Ejemplo: ¿Cuándo se conocieron Maggie y Johny?
Maggie y Johny se conocieron en 1985.

1. ¿Qué sabía Maggie de Johny antes de conocerlo personalmente?
   Solo que Johny era un buen pintor.

2. Al principio, ¿sabía Johny que Maggie era soltera?
   No, no sabía hasta el Día de los Enamorados.

3. ¿Cuándo supo que Maggie no estaba casada?
   En el Día de los Enamorados

4. ¿Aceptó Maggie la cita? ¿Quiso Maggie salir a cenar con Johny una noche?
   Creo que no

5. ¿Qué no podía hacer Johny fácilmente por culpa de su timidez?
   Era muy tímido

6. ¿Qué palabras pudo Johny pronunciar cuando se despidieron después de la primera cita?
   Amo tus ojos N. C. 152 —Verde ...

EL VERBO *HACER* EN EXPRESIONES TEMPORALES

-¿Y su niño, señora Pa?
-Pues ya hace una semana que anda.
-¡Caramba! Pues debe estar ya lejísimos.

M. Las aventuras de Pepito. Lee con atención el siguiente relato y después contesta las preguntas.

Cuando Pepito era niño, hacía toda clase de travesuras.

1990 Pepito tenía tres años y empezó a ir al jardín de infantes. La maestra recuerda que ese año Pepito rompió varios juguetes pedagógicos que había en la escuela.

1993 Pepito tenía seis años y comenzó a asistir a la escuela primaria. En una ocasión, metió una rata en el escritorio de su compañera que era un año menor que él.

1994 Pepito llevó una serpiente a clase y todos sus compañeros salieron del aula corriendo mientras que él se divertía.

1996 Pepito había hecho tantas travesuras que fue suspendido de la escuela por tres meses.

1997 Pepito volvió a la escuela y desde entonces ha dejado de hacer travesuras.

1. ¿Cuánto tiempo hace que Pepito asiste a la escuela?

   Pepito ~~terminó trece añ~~ terminó hace
   trece años.

2. ¿Cuánto tiempo hace que Pepito metió una rata en el escritorio de su compañera?

   Hace dieciseis años.

3. ¿Qué edad tenía Pepito cuando llevó una serpiente a clase?

   Hace siete años

4. ¿Cuánto tiempo hacía que Pepito asistía a la escuela primaria cuando fue suspendido por tres meses?

Hace ~~cuatro~~ catorce años que

fue suspiendo

5. ¿Hace cuánto tiempo que Pepito dejó de hacer travesuras?

Hace catore años.

6. ¿Cuántos años tiene Pepito ahora?

vientitres años

¡OJO CON ESTAS PALABRAS!

N. *Saber* y *conocer*. Completa los espacios con el verbo apropiado. ¡Ten cuidado con los tiempos presente y pasado!

Hace tres meses fui al lago Titicaca y _conocé_ (1) a Gabriela. Ella vive en un pueblo cerca del lago desde que era niña. Ella _sabe_ (2) cómo entretener a los amigos porque _conoce_ (3) a mucha gente interesante. ¡Cómo me divertí con su compañía!

Ayer recibí una carta en la que me decía que vendría a los Estados Unidos a seguir sus estudios. ¡Me puse muy contento cuando lo _supe_ (4)!

O. Los nuevos papás. Lee el artículo siguiente y contesta las preguntas.

EL PERIÓDICO UNIVERSITARIO DE HORIZONTES

Mi papá me mima

Los "nuevos papás" asisten al parto de sus hijos, les dan la mamadera, llevan a los bebés al médico y les cambian los pañales. Los besan y acunan sin sentir vergüenza de hacerlo.

Algo está cambiando. Y se nota en las salas de parto y en las plazas, ámbitos que hasta hace no mucho estaban reservados exclusivamente para las mujeres. Ahora los hombres ejercen su papel de padres de manera diferente: cambian pañales, bañan a sus bebés, les dan la mamadera. Son los síntomas de este nuevo fenómeno social que se llama "los nuevos papás".

Lo que hacen los "nuevos papás"

Los "nuevos papás" se distinguen del resto porque hacen todo lo que las mamás hicieron desde que el mundo es mundo. Es decir, asisten al parto, les dan la mamadera, cambian los pañales, preparan la papilla, llevan al bebé al médico, van a las reuniones del Jardín, disponen de tiempo extra para sus hijos, los besan y acunan sin sentir vergüenza de hacerlo, lavan los platos cuando la mamá no puede, se aguantan las "cargadas" de los compañeros y hasta consultan a un experto en familia si se enfrentan a un problema que no pueden resolver.

Diferencia con los padres de otras generaciones

Lo que hacen los "nuevos papás" son cosas impensables para las generaciones anteriores, donde papá sólo demostraba su amor manteniendo económicamente a la familia, frunciendo el ceño y, marcando, claramente, los límites entre lo que se "podía" hacer y lo que no se "debía" hacer.

Según un estudio norteamericano el 80% de los papás asiste al parto

Todavía no hay estadísticas bolivianas sobre el tema. Pero como el fenómeno "nuevo papá" es universal, es probable que las estadísticas norteamericanas publicadas por el Instituto de la Familia y el Trabajo de Nueva York coincidan con las que alguna vez se realizarán en nuestro país. Según este estudio, publicado por Connie Marshal en su libro "La gestación del padre" (Editorial Sudamericana), el 80% de los papás asiste al parto; el 87% considera que el papel del padre en la crianza es tan importante como el de la madre; el 73% se toma tiempo especial para curar a sus hijos; el 30% rechazó un empleo mejor para estar más tiempo con ellos. Todos tienen ideas, temores y dificultades comunes. El tiempo dirá hasta qué punto sus hijos crecieron siendo más felices que ellos. Porque en última instancia, de eso se trata.

El parto sólo es el comienzo

La aventura del parto, con sus alegrías y pánicos es apenas el comienzo. Porque 48 horas después, si todo salió bien, papá, mamá y el bebé están en casa. Llegó, para el "nuevo papá", la epopeya de preparar las mamaderas, levantarse cada tres horas, ir a trabajar dormido, sentir que su mujer está con "otro" dentro de la misma casa y preguntarse desolado, frente al espejo que lo muestra hecho una ruina: "¿Qué habré hecho yo para merecer esto?". Situación que los papás de antes arreglaban fácil: daban por sentado que era un problema de la mujer, se hacían los dormidos o simplemente mascullaban: "¿No oís que el nene está llorando?". Soluciones tradicionales que los "nuevos papás" rechazan de plano. Para ellos, las batallas se libran con las mamás, espalda contra espalda.

1. Las mamás han hecho todas las tareas y han cuidado a los niños desde que el mundo es mundo. ¿Qué tareas hacen ahora los "nuevos papás"?

   Ellos cambian los pañales preparan la
   papilla, llevan al bebé al medico

2. En las generaciones anteriores, ¿cómo demostraba el papá su amor?

   El ~~bebia man~~ mantenía económicamente
   a la familia.

3. Según las estadísticas norteamericanas publicadas por el Instituto de la Familia y el Trabajo de Nueva York, ¿qué porcentaje de papás asiste al parto?

   80% de papás

4. ¿Y qué porcentaje de papás rechazó alguna vez un empleo mejor para estar más tiempo con sus hijos?

   30% de papás

5. Según el artículo, cuarenta y ocho horas después del parto, el papá, la mamá y el bebé están en casa. En ese momento, ¿qué epopeya (aventura) llega para el "nuevo papá"?

   Se levanta cada tres horas, ir a trabajo
   dormido,

6. Si el bebé lloraba por la noche, ¿cómo arreglaban fácilmente esa situación los papás de antes?

P. El debate. Imagina que estás participando en un debate entre el grupo A y el grupo B.

- El grupo A opina que los "nuevos papás" son muy diferentes a los tradicionales. La mamá ya no es la única que cría a los hijos. El papel del papá es tan importante como el de la mamá.

- El grupo B opina que básicamente los "nuevos papás" son iguales a los papás tradicionales. Han cambiado pequeñas cosas. Pero las mamás son todavía las que cumplen el papel más importante en la crianza de los hijos.

Según tus ideas y opiniones, ¿con qué grupo te identificarías? Organiza tus ideas y presenta los aspectos para convencer al grupo contrario de tus razones.

Tengo opina del grupo B. Los nuevas papa hacen
mas que antes, pero mucho todavía trabajar
y pasar algun tiempo con los hijos.

Q. Preguntas personales. Contesta las siguientes preguntas.

1. ¿Cómo es tu familia? ¿Grande? ¿Pequeña? ¿Tienes hermanos y hermanas? ¿Cómo son?

Mi familia es Grande. Tengo tres hermanos, dos
son mayor y un es menor.

2. ¿Hay una "oveja negra" en tu familia? ¿Quién es? ¿Por qué?

No, no hay una "oveja negra"

3. ¿Cuáles crees que son las responsabilidades del hombre y de la mujer en el matrimonio?

Mi papa Del hombre y la mujer, las dos
tienen las responsabilidade trabajar.

4. ¿Te llevas bien con tu familia? Describe brevemente tus relaciones con los miembros de tu familia.

Me llevo bien con mi familia. Todos tienen
interés similares.

5. ¿Cuáles son los quehaceres domésticos que menos te gustan?

   Lavando los platos.

   _____

   _____

6. ¿Crees que existe el amor a primera vista? ¿Por qué?

   No, no creo que si.

   _____

   _____

7. ¿Cuáles son algunas ventajas y desventajas de ser soltero(a)?

   Una
   ~~Algunas~~ ventaja ~~es~~ tener mas tiempo libre.
   Una desventaja es cocinar solemente para
   _se._

8. ¿Prefieres salir con una sola persona o con diferentes personas? ¿Por qué?

   Con una. porque me gusta ella.

   _____

   _____

Lección 5 *¡Cerramos el trato!*

VOCABULARIO PARA LA COMUNICACIÓN

A. En busca de empleo. Tú trabajas en una agencia de empleo y estás tratando de seleccionar a los postulantes para las ofertas que hay en este momento.

Ejemplo: Javier tiene veintidós años, le gusta la gente y sabe contestar el teléfono con cortesía y educación.
Javier puede trabajar como telefonista / recepcionista.

EMPRESA NACIONAL DE SERVICIOS PRECISA
TÉCNICO
Se requiere:
• Formación Profesional II rama Electricidad o electrónica industrial.
• Servicio militar cumplido.
• Carnet de conducir.
• Abstenerse mayores de 27 años
Se ofrece:
• Incorporación a compañía en expansión.
• Oportunidad de desarrollo profesional.
• Lugar de Trabajo: Torrejón de Ardoz.
• Retribución bruta inicial 1.430.000 Ptas.
Enviar currículum vitae detallado y fotografía reciente así como teléfono de contacto al Apartado de Correos no. 226 de Veracruz Ref. Técnico.

SOMOS UN GRUPO DE EMPRESAS DE ÁMBITO NACIONAL EN DIVERSOS SECTORES DE ACTIVIDAD, ESTAMOS SELECCIONANDO:
TELEFONISTA/ RECEPCIONISTA
SE REQUIERE
• Edad: 18 - 25 años
• Buena presencia
• Don de gentes
• Buen nivel cultural
• Preferible zona Pozuelo y alrededores
• Conocimientos informáticos como usuario
ADMINISTRATIVO CONTABLE
SE REQUIERE
• Formación académica (FP-2 diplomado)
• Conocimientos informáticos como usuario
• Experiencia práctica demostrable
Interesados enviar currículum vitae y fotografía al Aptdo. de Correos 57.102. Zócalo, D.F.

Necesitamos
MENSAJEROS
Condiciones inmejorables
Trabajo constante
Jornada completa
o media jornada.
Ven a vernos o llámanos.
Tel.: 533 26 00. Luis Peña.
mundi express
Agustín de Betancourt, 7

MINISTERIO DE INDUSTRIA Y ENERGÍA
INGENIERO/A TÉCNICO/A
(temporal) en el Centro de Investigaciones Energéticas, Medioambientales y Tecnológicas. 3 plazas. Convocatoria BOE: 06.02.91. plazo de presentación de instancias hasta: 26.02.91. Bases: Tablones de anuncios del Organismo, Avda. Complutense, 22. Título de Ingeniero/a Técnico/a
INFORMACIÓN:
C/ Marqués de Monasterio, 3
San Miguel de Allende

Canon
SISTEMAS DE OFICINA MADRID-8, S.A.
Para ampliar su plantilla
NECESITAMOS
VENDEDORES/AS ADMINISTRATIVA/O
OFRECEMOS:
• Sueldo fijo.
• Vendedores, ingresos superiores a 3.500.000.-
FIJO 1.500.000,- ptas. AÑO.
• Seguridad Social.
• Sueldo negociable a vendedores con experiencia.
Interesados presentarse o concertar entrevista en C/ Ulises, 7 (Metro Arturo Soria). Tel: 759 09 12. De 10 a 1 y de 5 a 7

1. Mari Carmen sólo puede trabajar media jornada porque estudia por la mañana.

   puede trabajar como un mensajero.

2. Vicente sabe mucho de computadoras y fotocopiadoras porque ha trabajado como vendedor de ellas.

   Puede trabajar como vendedores.

3. Begoña habla inglés y español, ha trabajado como secretaria y es muy agradable.

   puede trabajar como telefonista

4. José Félix tiene una formación profesional y sabe mucho de electrónica; por eso busca un empleo con posibilidades para el futuro.

Puede trabajar como ténico

5. A Patricia le interesa mucho la investigación; ha estudiado matemáticas e informática y busca trabajo para el verano.

Puede trabajar como téchica

B. **En el banco.** Javier ha tenido mucha suerte y acaba de conseguir un puesto de telefonista/recepcionista. Como es su primer puesto, se siente importante y sueña con un nuevo coche. Va al banco para ver las posibilidades de comprarse uno. Completa el diálogo con el siguiente vocabulario.

contratar	un contratiempo	los intereses	el pago inicial
en cuotas mensuales	deber	pedir un préstamo	el sueldo

JAVIER: Me gustaría _pedir un préstamo_ para comprarme un coche.
              ¹

BANQUERO: Muy bien, ¿cuándo podría hacer _el pago inicial_ ? contratar
                                           ²

JAVIER: Pues, me acaban de _contratar deber_ en un banco y todavía no me han dicho
                            ³

cuánto va a ser _el pago inicial_ ni cuándo me lo van a pagar.
                 ⁴

BANQUERO: Mmmm, me parece que tenemos _un contratiempo_ muy grave. Si Ud. desea pagar
                                       ⁵

en cuota mensula , tiene que saber que _los intereses_ serán muy altos.
        ⁶   ⁷

JAVIER: Ya lo sé. Además he leído que los mexicanos pagamos mucho en impuestos de coches.
¡Me da miedo _el sueldo_ al banco por el resto de mi vida!
             ⁸

ESTRUCTURAS

EL PRESENTE PERFECTO Y EL PLUSCUAMPERFECTO

C. **Transacciones bancarias.** La mañana se te ha pasado volando pero, gracias a Dios, has hecho todo lo que tenías que hacer. Pon las oraciones en el presente perfecto.

Ejemplo: Ir al banco. Pedir un préstamo para mis estudios.
            He ido al banco y he pedido un préstamo para mis estudios.

1. Abrir una cuenta. Depositar varios cheques.

he abierto una cuenta, y he depositado varias cheques

2. Hacer las cuentas del mes. Pagar todas mis deudas.

He hecho las cuentas del mes, y he pagado todas mis deudas.

Nombre: _____ Fecha: _____

3. Cancelar varias tarjetas de crédito. Resolver no comprar a largo plazo.

He cancelado varias tarjetas de crédito, y he resuelto no comprar a largo plazo

4. Hacer un giro bancario. Hacer el pago inicial de una casa.

He hecho un giro bancario, y he hecho el pago inicial de una casa.

5. Trabajar mucho. Poner varias cosas al día.

He trabajado mucho, y he puesto varias cosas al día.

D. Una ventana abierta a la imaginación. La familia Sierra leyó el anuncio del Banco de México y de inmediato todos ellos solicitaron un crédito para hacer realidad sus proyectos. Completa las oraciones, usando el presente perfecto de los verbos indicados.

Ejemplo: Antonio ya *ha visto* (ver) un ordenador... *que comprará para poder estudiar computación en casa.*

1. Los Sres. Sierra *ha comprado* (comprar) su propio apartamento para... *vivir.*

2. Pilar *ha hecho* (hacer) una reservación para hacer el viaje a... *la playa de México*

3. Antonio *ha obtenido* (obtener) un préstamo y *se ha ido* (irse) a recorrer el mundo en una moto... *y ha visto muchas países.*

4. El tío Juan __ha realizado__ (realizar) sus sueños y __ha solicitado__ (solicitar) un préstamo para... __una casa nueva.__

_____

5. Elena y yo __hemos abierto__ (abrir) una cuenta de ahorros... __para ahorrar un coche nuevo.__

6. Toda la familia __han descubierto__ (descubrir) que el Banco de México... __pueden~~satisfac~~ hacer sus sueños pasar.__

7. El banco siempre __ha satisfecho__ (satisfacer) las necesidades básicas de... __~~su~~ toda la familia__

8. Nosotros __hemo tenido__ (tener) suerte con... __nuestros ~~ten~~.__ __~~ten~~r ahorros.__

E. **¡Y ahora te toca a ti!** ¿Qué proyectos no has podido realizar todavía por falta de dinero?

Ejemplo: _Todavía no he hecho un viaje a Sudamérica, pero lo haré algún día._

1. __Todavía no he arreglado el coche.__

2. __Todavía no he comprado una bicicleta nueva.__

3. __Todovía no he ido a Chile, pero posibamente el ~~año~~ próximo año.__

F. **Me contó que...** Mireya acaba de llegar de un largo viaje de negocios por los Estados Unidos y a su llegada, por supuesto, le contó todo a su esposo Leonardo. Ahora, toda la familia quiere saber qué le contó Mireya a Leonardo. Usa los verbos **contar, decir, explicar, informar de,** etc.

Ejemplo: Hacer muchos negocios
Me contó que había hecho muchos negocios.

1. Tener una reunión con los compradores

__Me dijo que había tenido una reunión con los compradores__

2. Recibir varias ofertas para la empresa

__Me contó que había recibido varias ofertas para la empresa.__

3. Llevarse bien con todos

Me explicó que se había llevado bien con todos.

4. Frustrarse con algunos clientes

Me contó que se había frustrado

5. Irritarse con el jefe de ventas

Me explicó que se había irritado con el jefe de ventas.

6. Tener cuidado de no firmar ningún documento

Me contó que había tenido cuidado de no firmar ningún documento.

7. Recibir muchas atenciones de las empresas norteamericanas

Me informó de que había recibido muchas atenciones de las empresas norteamericanas.

8. Decidir hacer muchos negocios con empresas extranjeras

Me contó que había decidido hacer muchos negocios con empresas extranjeras.

G. La mujer en la política latinoamericana. Para favorecer la igualdad entre los dos sexos, todos los gobiernos de América Latina firmaron un convenio de no discriminación. En consecuencia, las leyes son iguales para todos, aunque, claro, las normas sociales y el comportamiento real de las personas cambian más lentamente. Es interesante analizar las fechas en que los distintos países obtuvieron el voto femenino por primera vez, o las fechas en que se eligió a la primera mujer ministra.

Observa los gráficos de la pagina 68 y completa la información que les sigue con la forma correcta del verbo en el pluscuamperfecto o en el pretérito.

Según el gráfico, España ___fue___ (ser) el primer país en que una mujer ocupó el puesto de ministra. Sin embargo, esto no significa que España fue el primer país que tuvo en consideración a la mujer en términos políticos y legales. Cuando en España todavía no sabían lo que era el divorcio por ejemplo, Uruguay ya ___había aprobado___ (aprobar una ley) en 1907 según la cual la mujer era libre para divorciarse, y el hombre, en cambio, necesitaba el consentimiento de su cónyuge. Esa ley todavía sigue hoy vigente.

En la década de los cincuenta, otros dos países ___eligieron___ (elegir) a sus primeras ministras. Cuando en Colombia la primera mujer ministra ___había subido___ (subir al poder), hacía ya dos años que la población chilena ___había elegido___ (elegir) en las votaciones, a la primera ministra chilena.

En Colombia ese mismo año, en 1954, y con la victoria de la primera ministra, las mujeres ___consiguieron___ (conseguir) su derecho al voto. Una coincidencia similar ___se había dado___ (darse) en España veintitres años antes, en 1931, año en que la primera ministra española subió al poder y las mujeres españolas ___habían conseguido___ (conseguir) el derecho a votar.

En otros países los dos hechos no coinciden. En Cuba, por ejemplo, para cuando una mujer _____ocupó_____ (ocupar) un puesto en un Ministerio por primera vez (1970), el derecho del voto de la mujer ya _____había cumplido_____ (cumplir) treinta y seis años de existencia. En Brasil ocurrió lo mismo. El derecho al voto femenino _____se había conseguido_____ (conseguirse) en 1932, pero una mujer no _____ocupó_____ (ocupar) un puesto como ministra hasta cincuenta años más tarde, en 1982. En Guatemala, como último ejemplo, ya _____habían puesto_____ (pasar) treinta y ocho años de gobierno que aceptaba el voto femenino, cuando por fin la primera ministra guatemalteca _____obtuvo_____ (obtener) ese puesto.

H. Los consejos de papá. Hoy Julito cumple veinticuatro años. Julito no ha podido encontrar un trabajo y hace seis meses que está desempleado *(unemployed)*. Como no trabaja, Julito se levanta siempre muy tarde y pasa mucho tiempo en casa, tocando la guitarra, leyendo revistas de música y descansando. Su papá está furioso con él. Y ha decidido darle unos "consejos" como regalo de cumpleaños.

Completa los siguientes consejos con la forma correcta del verbo en el presente perfecto o en el pluscuamperfecto, según corresponda. Recuerda que el pronombre debe preceder al verbo.

1. Julito, todavía tú no _____te has matriculado_____ (matricularse) este año en la universidad y debes matricularte. Para cuando yo cumplí veinticuatro años, yo ya _____había terminado_____ (terminar) un Máster en Ciencias Económicas.

2. Julito, tú nunca _____has trabajado_____ (trabajar) y ahora debes buscar un trabajo. Para cuando yo cumplí veinticuatro años, yo ya _____había trabajado_____ (trabajar) durante dos veranos como ayudante en un banco.

3. Julito, en el último año tú __has salido__ (salir) con muchas chicas diferentes, pero ninguna de tus relaciones __has sido__ (ser) seria y formal. Debes buscar una novia seria y formal. Para cuando yo cumplí veinticuatro años, yo ya __me habían propuesto__ (proponerle) matrimonio a tu madre.

4. Julito, acabo de ver tu libreta de ahorros y he visto que en los últimos tres años tú no __has ahorrado__ (ahorrar) nada en absoluto. Debes empezar a ahorrar para comprarte una computadora y un coche. Para cuando yo cumplí veinticuatro años, yo ya __había ahorrado__ (ahorrar) 6.000 pesos y ya __había pagado__ (pagar) la primera cuota mensual de mi coche.

5. Julito, debes aceptar un puesto de trabajo en la empresa de la familia. Para cuando yo cumplí veinticuatro años, mi papá ya __me había ofrecido__ (ofrecerme) el cargo de director del Departamento de Finanzas.

6. Julito, tú nunca __has mostrado__ (mostrar) interés por conocer a tus parientes. Creo que ya es hora. Debes viajar a Suiza para visitar a nuestros familiares millonarios. Para cuando yo cumplí veinticuatro años, mis abuelos ya __me habían dado__ (darme) mucho dinero por ser su nieto favorito.

7. Julito, en el último año tú no __te has cortado__ (cortarse el pelo) y no __te has afeitado__ (afeitarse). Debes cambiar tu forma de vestir, debes cortarte el pelo y debes tirar esos jeans viejos. Para cuando yo cumplí veinticuatro años, mi mamá ya __me había hecho__ (hacerme) mi primer traje y mis amigos de la universidad __me habían regalado__ (regalarme) mi primera corbata.

I. **¿Quién es mejor?** La familia Estrada y la familia Lorenzo pelean mucho. Cuando los Estrada dicen algo, los Lorenzo siempre quieren mostrar su superioridad. Completa los minidiálogos con las formas apropiadas del presente perfecto o del pluscuamperfecto.

Ejemplo: —Mi mujer *ha escrito* (escribir) una novela.
—¡Eso no es nada! Cuando ella escribió la novela, mi hijo menor ya *había publicado* dos.

1. —Nuestra hija __ha dado__ (dar) a luz un bebé precioso.
—Pues cuando su hija dio a luz, nuestra nieta ya __había entrado__ (entrar) a la escuela.

2. —Mi marido __se ha levantado__ (levantarse) a las cinco de la mañana para preparar el desayuno para toda la familia.
—¿Y qué? A esa hora el mío ya __ha hecho__ (hacer) las camas y __ha arreglado__ (arreglar) los cuartos.

3. —Nuestro hijo __se ha enamorado__ (enamorarse) de una muchacha muy inteligente y hermosa.
—¡Ja! A su edad nuestro hijo ya __había roto__ (romper) los corazones de muchas muchachas.

4. —Nuestros sobrinos _han aprendido_ (aprender) a leer y hoy nos
han leído (leer) un cuento en voz alta.

—Poca cosa. Los nuestros, a los cuatro años ya _habían participado_ (participar)
en concursos de lectura.

LOS PRONOMBRES EN FUNCIÓN DE COMPLEMENTO DIRECTO, INDIRECTO O PREPOSICIONAL

J. **Explicaciones sobre el mundo de los negocios.** Tu compañero no entiende muy bien el mundo de los negocios y necesita que le des una explicación para cada comentario. Completa la idea con una nueva oración usando los pronombres apropiados.

Ejemplo: El jefe saludó **a los empleados.**
Los saludó porque es un hombre muy bien educado.

1. El gerente contrató **a tres nuevos empleados.**
Los contrató porque hay más trabajo.

2. La señora Gumucio regateó **la mercadería.**
La regateó porque quiso ahorrar dólores.

3. El vendedor **le** explicó **a la señora Gumucio las condiciones de pago.**
Se le explicó porque no quiso un contratiempo.

4. Ayer **te** di **la dirección de la fábrica.**
Te la di porque .

5. Llamamos por teléfono **a los compradores.**
Los llamamos para que los decir hacer.

6. Pusimos **un anuncio** en el periódico.
Lo pusimos en el periódico para que toda gente puede verlo.

7. La compañía envió **la mercadería a sus clientes.**
Se la envió la compañía porque habían ya habían compradola.

K. Empresas para todo. Mateo y Belén terminan sus estudios este año y están preparando su fiesta de graduación. Afortunadamente hay empresas que se hacen cargo de todo y solucionan muchos problemas. Lee con atención el siguiente anuncio. Después, completa el diálogo a continuación con los pronombres apropiados.

Empresas para todo

Un pequeño problema se hace grande si no se sabe a quién recurrir, pero existen empresas *solucionadoras* que abarcan infinidad de servicios al consumidor, se encargan de todo y satisfacen las necesidades más insólitas.

ALQUILABLE
- Sillas, mesas y platos: de 10 pesos a 52 pesos por persona.
- Billares: 2.500 pesos por semana y 3.200 pesos por mes.
- Futbolines: 625 pesos por semana y 1.500 pesos por mes.
- Herramientas: en todos los casos se debe hacer un depósito.
- Cámaras de video: un fin de semana, 525 pesos.

- Equipos de música y luces de discoteca: mínimo, 2.300 pesos.
- Plantas (máximo 8 días): kentía grande, 400 pesos; ficus, de 30 a 60 pesos. Adornar un salón grande: desde 4.200 pesos.
- Telegramas por teléfono: México, 2 pesos cada palabra, más 25 pesos de tasa fija. Las Ámericas, 5 pesos por palabra, más 10 de tasa. Europa, Asia, África, y Oceanía, 20 pesos por palabra más 10 de tasa.
- Peso de bebés: un mes, 100 pesos.
- Guarderías de animales y plantas. Bonsáis: 15 días, de 120 a 240 pesos. Caninos: 35 pesos diarios. Terrarios para reptiles: 6 pesos.
- Empresas de servicios: desde 390 a 750 pesos mensuales.

MATEO: ¿Dónde podemos alquilar sillas y mesas para la fiesta?

BELÉN: _____ las _____ podemos alquilar en una empresa de servicios al consumidor que
                      1
se encarga de todo.

MATEO: Para la fiesta a mí también _____ me _____ gustaría tener una cámara de video para
                                            2
filmar a los invitados. ¿_____ la _____ podrías alquilar en la misma empresa de
                                 3
servicios?

BELÉN: Seguro. Y también los equipos de música. _____ nos _____ tienen desde 2.300
                                                          4
pesos. Sólo hay que solicitar _____ los _____ con dos días de antelación.
                                         5

MATEO: ¿Y quién va a adornar el salón?

BELÉN: _____ se _____   _____ le _____ vamos a pedir a Raúl. A él
              6   7
_____ le _____ gusta hacer esas cosas.
        8

MATEO: Menos mal que hay una empresa para todo y contamos con la ayuda de todos los amigos.

L. Pronombres preposicionales. Completa con el pronombre correspondiente.

1. He encontrado trabajo en una gran **empresa comercial.** Trabajo para _ella_ desde el mes de enero.

2. Con el dinero que gane voy a pagar **mis deudas.** No quiero sufrir más por _ellas_.

3. **María Elena** ha renunciado a su cargo. Según _ella_, el sueldo era muy bajo.

4. En la empresa se contrató a **un nuevo cajero.** Es un muchacho muy joven. El jefe confía en _él_.

5. Antes de partir, **la gerente** firmó un nuevo contrato y se lo llevó con _sigo_.

6. Manuel **te** escribió la semana pasada. Me dijo que quería formar una sociedad con _tigo_.

7. Raúl, nuestro compañero en la universidad, compró **una fábrica de zapatos.** No hace más que hablar de _ella_.

8. Los clientes pensaban que **los productos** eran muy caros. Se les ofreció un descuento especial por _ellos_.

M. Discursos, discursos, discursos. El señor Zabaleta es un economista mundialmente conocido, en el mundo de los negocios. El trabajo del señor Zabaleta consiste en dar discursos. Él es una persona muy importante, es director de una empresa, y su empresa es la más famosa del país. Por eso, siempre da discursos de economía, discursos de inauguración, discursos de bienvenida o discursos de... Da todo tipo de discursos.

El año pasado el señor Zabaleta conoció a una bella mujer con la que se ha casado hace apenas una semana.

Por supuesto, después de pasar una semana juntos en Hawai de luna de miel, el señor Zabaleta ha preparado un discurso para su esposa.

Completa el discurso con los pronombres correspondientes. Pueden ser pronombres de complemento preposicional, pronombres de objeto directo o indirecto, pronombres personales, pronombres reflexivos o pronombres recíprocos.

Estimada Ana,

Desde hoy eres mi esposa. Y _nos_ [1] tenemos que considerar esta unión como una sociedad, una empresa, en la que _tú te_ [2] inviertes y _me_ [3] invierto (dinero, sentimientos, confianza, etcétera). Para los dos, para _nosotros_ [4], este matrimonio será un negocio en el que obtendremos ganancias (momentos felices) y pérdidas (discusiones, peleas...). Pero todo va a funcionar bien. Entre _____tú_____ [5] y _____yo_____ [6], es decir, entre nosotros, no habrá problemas. Porque para mí, tú no eres mi empleada. Para ti, yo no soy tu gerente. Para _____ti_____ [7], tú no eres mi jefa. Para _____~~no~~ mí_____ [8], yo no soy tu cliente. Simplemente somos socios.

Pensemos en esta semana que hemos pasado juntos. Yo he estado con _____tigo_____ [9] todo el tiempo. Tú has estado con _____migo_____ [10] todo el tiempo y no nos hemos aburrido. Lo hemos pasado muy bien, ¿no crees? _____nos_____ [11] hemos besado, _____nos_____ [12] hemos abrazado, hemos hablado mucho. Ayer hablé con el dueño del hotel, y según _____él_____ [13], tú y yo somos la pareja perfecta. También hablé con nuestros amigos Arturo y Sara, y según _____ellos_____ [14], tú y yo _____nos_____ [15] miramos todo el tiempo de una forma super especial. No podemos esconder que nosotros _____nos_____ [16] amamos.

Esta mañana, yo _____me_____ [17] he despertado muy feliz. _____me_____ [18] he duchado, _____me_____ [19] he afeitado y después he preparado el desayuno para _____nosotros_____ [20]. _____lo_____ [21] he preparado muy feliz, mientras tú _____~~se~~ te_____ [22] has duchado y _____te_____ [23] has maquillado. Me ha gustado mucho desayunar contigo.

Ahora quiero decir _____te_____ [24] una última cosa. Si soy egoísta y pienso en _____~~ti~~ mí_____ [25] _____~~ti~~ mismo_____ [26], creo que jamás he sido tan feliz como ahora. ¿Y tú? Piensa en _____ti_____ [27] _____misma_____ [28] y no en los demás. ¿Te alegras de ser mi esposa? Por _____mí_____ [29], yo haría cualquier cosa. ¿Y tú? ¿Qué harías tú por _____ti_____ [30]? Contesta _____me_____ [31] mi pregunta. ¿Te alegras de ser mi esposa y mi socia? Yo me alegro mucho.

CONSTRUCCIÓN ESPECIAL DEL VERBO *GUSTAR* Y DE OTROS VERBOS

N. Los gustos. Sigue el ejemplo y, usando el verbo **gustar** y otros verbos semejantes, forma oraciones completas.

Ejemplo: niños / gustar(le) / correr / calles
A los niños les gusta correr en las calles.

1. ellos / interesar(le) / clientes extranjeros
   A ellos les interesan los clientes extranjeros.

2. los turistas / agradar(le) / pagar / en efectivo
   A los turistas les gusta pagar en efectivo.

3. a veces / estudiantes / faltar(le) / energía / estudiar

A veces, a los estudiantes les falta en la energía estudiar.

4. vosotras / gustar(le) / llevar / zapatos / nuevos

A vosotras os gusta llevar los zapato nuevos

5. los jóvenes / molestar(le) / quedarse / casa

A los jóvenes les molesta quedarse en la casa.

6. todos / clientes / gustar(le) / escuchar / música

A todos clientes les gusta escuchar la música.

7. profesora / encantar(le) / estudiantes / preparados

A la profesora le encantan estudiantes preparando.

8. a mí / doler(le) / el estómago y la cabeza

A mí me duele el estómago y la cabeza.

O. Materialistas versus románticos. Lee con cuidado la lista de aspectos que diferencian a los materialistas y a los románticos.

- A los materialistas les **GUSTA** el dinero. Les gustan las cosas materiales. Sin embargo, a los románticos les gusta el amor. Les gustan las flores y la poesía.

- A los materialistas les **CONVIENE** pensar siempre en el dinero. Les conviene tener amigos prácticos y sensatos. A los románticos les convienen las personas dulces y sensibles.

- A los materialistas les **DUELE** perder dinero. A los románticos les duele perder al amor de su vida.

- A los materialistas les **ENCANTAN** los negocios, las acciones y las ganancias. Les encanta invertir, gastar, comprar mercancías, venderlas, hacer dinero. A los románticos les encantan las palabras hermosas, los besos y los abrazos. Les encanta pasear por la playa y recitar poemas de amor.

- A los materialistas no les **IMPORTAN** los empleados como personas. A los románticos les importa eso. A los materialistas les importa perder mucho dinero. A los románticos no les importa tener pérdidas en su empresa, si sus empleados son felices.

- A los materialistas les **INTERESA** el estado económico de la sociedad. Les interesan los periódicos de negocios. A los románticos les interesa el estado ético de la sociedad. Les interesan los pensamientos y sentimientos de las personas.

Continúa

Continúa

- A los materialistas les **MOLESTAN** los creyentes en Lord Byron. Y a los románticos les molestan los creyentes en Ford.

- A los materialistas, las teorías sobre el amor supremo les **PARECEN** ridículas. Y a los románticos, las teorías sobre la máxima productividad y el máximo rendimiento les parecen frías e inhumanas.

- Sin embargo, a todos les **FALTA** algo. A los materialistas les falta el amor. Les faltan los sentimientos profundos. Pero a los románticos les falta el sentido práctico. Porque, ¡el hombre no se alimenta solamente de amor! Si a los materialistas les quitan el dinero, no les **QUEDA** nada. Y si a los románticos les quitan el amor, tampoco les queda nada.

Imagina que estás participando en un debate. ¿Con qué grupo te identificas? ¿Con los materialistas o con los románticos? Prepara los argumentos de ataque y contraataque para defender tu teoría y la de tus compañeros en el debate de materialistas contra románticos. Responde a las siguientes preguntas: "Si somos materialistas (o románticos)..."

1. ¿Qué nos gusta? ¿Por qué?

   A mí me gustan los dos, porque se nesesita algun de cada uno.

2. ¿Qué preferimos en la vida? ¿Por qué?

   prefiero el amor porque el dinero no puede comprar todo.

3. ¿Qué cosas nos interesan? ¿Qué cosas no nos interesan?

   me interesa hacer dinero, y a mí no me interesa la poesía.

4. ¿Qué nos encanta hacer? ¿Qué no nos encanta?

   me encanta comprar cosas para mí novia. No me encantan hacer las cosas romanticas.

5. ¿Qué nos molesta? ¿Por qué?

   me molesta oír sobre el sentido de gente.

6. ¿Qué nos conviene en nuestra vida profesional? ¿Y en nuestra vida social?

   me conviene trabajar mucho. En mi vida social, me conviene hablar a gente.

7. ¿Qué nos falta para ser completamente felices?

   me faltan bastante sentidos.

Nombre: _____ Fecha: _____

USOS ESPECIALES DEL PRONOMBRE *SE*

P. Cómo se consigue un buen empleo. Escribe ocho oraciones impersonales con los elementos de A y B.

Ejemplo: A. 1. **Consultar** con
B. d. una compañía de empleos.
Se consulta con una compañía de empleos.

A	**B**
1. **Consultar** con	a. el encargado
2. **Preguntar** cuáles son	b. el contrato de trabajo
3. **Pedir** hablar con	c. el sueldo
4. **Preguntar** por	d. una compañía de empleos
5. **Averiguar** si el empleo	e. es de jornada completa o media jornada
6. **Hablar** sobre	f. las condiciones de trabajo
7. **Convenir**	g. el jefe de personal
8. **Firmar**	h. los puestos vacantes

1. *Se consulta con el encargado*
2. *Se pregunta cuáles son los puestos vacantes*
3. *Se pide hablar con el jefe de personal*
4. *Se pregunta por el encargado*
5. *Se averigua si el empleo es de jornada completa...*
6. *Se habla sobre las condiciones de trabajo*
7. *Se conviene en el sueldo.*
8. *Se firma el contrato de trabajo.*

Q. ¡Ahorrar es tan difícil! Es fin de mes y todo el mundo anda mal de dinero. Nadie ha ahorrado demasiado este mes. Y, ¡claro!, tú y todos tus amigos están inventando excusas para explicar por dónde "se les ha ido" el dinero. Modifica la oración con el pronombre **se** (no responsable).

Ejemplo: El coche de Pedro se descompuso... (y ha tenido que llevarlo al garaje)
A Pedro se le descompuso el coche.

1. El mes anterior Mónica olvidó pagar la factura del teléfono... (y ha tenido que pagarla este mes)
   A Mónica se la olvidó la factura.

2. Fernando perdió sus tarjetas de crédito... (y alguien las ha usado)
   A Fernando se las perdió.

3. Al correr, me rompí mis medias de seda... (y he tenido que comprarme otro par)

Se me rompí

4. Olvidé el número secreto de mi telecaja... (y he tenido que pedir dinero prestado a mis padres)

A mí se me olvidó

5. Berta descompuso la computadora de Leo... (y han tenido que llevarla al técnico)

A Leo se la descompuso la computadora.

LAS PREPOSICIONES *A* Y *CON*

R. **Venta de campo.** Lee el anuncio con atención y después completa la carta con **a**, **al** o **con**.

Óscar Rey y Compañía
Gorrit, 185
1832 Lomas de Zamora
D.F., México

Distinguidos señores:

Me dirijo __a__ Uds. __con__ respecto __a__ campo que tienen en venta. __al__ ver el
        1   2   3   4
anuncio en el periódico, lo leí __con__ mucha atención. Desde hace varios años busco un
                                5
campo donde pueda trabajar __con__ tranquilidad.
                            6

El único inconveniente es que vivo en la frontera y es difícil para mí ir __a__ visitar
                                                                          7
el campo. Les ruego enviarme un paquete __con__ toda la información sobre el campo y los
                                        8
contratos.

Si desean comunicarse __a__ (mí) llámenme por teléfono. Generalmente llego __a__
                       9   10
casa __a__ las seis de la tarde.
     11

Espero su respuesta __con__ mucho interés.
                    12

¡OJO CON ESTAS PALABRAS!

S. Selecciones. Si fueras un inmigrante en México y desearas integrarte a la vida mexicana, tendrías
que buscar servicios de información, como Solidaridad Democrática. En sus oficinas, seguramente
te harán las siguientes preguntas. Selecciona la(s) palabra(s) correcta(s).

¿ERES EXTRANJERO?

**¿PIENSAS QUEDARTE A VIVIR
ENTRE NOSOTROS, PERO SE TE
PLANTEAN PROBLEMAS?**

SOLIDARIDAD DEMOCRÁTICA
Tel. 460 12 99

PARA TI hemos abierto un SERVICIO DE
INFORMACIÓN Y ASESORAMIENTO, cuyo
objetivo es orientar a los extranjeros que
pretenden integrarse en nuestra sociedad
sobre sus derechos y deberes civiles, la le-
gislación mexicana de acogida y protección
jurídica, y en especial INFORMAR Y ORIEN-
TAR sobre:

1. Ley de Extranjería.

   ● Derechos y deberes de los extran-
     jeros.

   ● Documentación de entrada. Visados:

     — De estancia.
     — De residencia.

   ● Documentación de estancia y residen-
     cia en México

     — Permisos de residencia.
     — Regímenes especiales.

   ● Empleo, trabajo y establecimiento.

     — Permiso de trabajo.

   ● Nacionalidad mexicana

2. Área de educación.

3. Área de salud.

4. Recursos sociales.

**FUNDACIÓN
SOLIDARIDAD DEMOCRÁTICA**
Sallaberry, 81
D.F.

1. ¿_____ (Piensas / ~~Piensas en~~) quedarte a vivir en México?

2. ¿Qué _____ (piensas en / ~~piensas de~~) la sociedad mexicana?

3. ¿_____ (Piensas / ~~Piensas de~~) que tu nivel de vida será mejor aquí que en tu país de origen?

4. ¿Por qué _____ (~~has venido~~ / has llegado) a hablar con nosotros hoy?

5. ¿Por qué no _____ (~~vas~~ / vienes) mañana a la embajada para solicitar los documentos que te hacen falta?

AMPLIACIÓN Y CONVERSACIÓN

T. Latinoamérica. Lee el artículo siguiente y contesta las preguntas.

EL PERIÓDICO UNIVERSITARIO DE HORIZONTES

Suramérica: la gran cola del cangrejo mundial

Suramérica es un nido de desigualdades que, más que geográficas o culturales, están ya basadas en los índices de desarrollo. En un extremo se encuentra Guatemala, donde existe una oligarquía sanguinaria que manipula a sus anchas el proceso democrático y la economía. En este país, el 70% de la población es indígena, y la mayoría vive por debajo del umbral de la pobreza. En la otra punta, geográfica y social, se encuentra Chile, un país con muy poca población nativa que se ha sobrepuesto con éxito a una dictadura paranoica. Cuba es un caso único: tiene una economía planificada y la peculiaridad de haber vivido una revolución que cambió sus estructuras. El hundimiento de la URSS la dejó en mantillas. Brasil es un mundo en sí; es el gran gigante del área, con una superficie que comprende más de la mitad del continente y 160 millones de habitantes. Como último ejemplo Colombia, que es un país mediano con una alta conflictividad, con el añadido del narcotráfico.

Dicen los nuevos estrategas norteamericanos que el mundo se parece ahora a un cangrejo en el que sus partes vitales, Estados Unidos y Canadá, están protegidas por un fuerte caparazón, y Suramérica, con su reserva económica, es su gran cola.

FOCOS DE TURBULENCIA

Conflictos sociales violentos, terrorismo, gobiernos autoritarios, violación sistemática de los derechos humanos. Principales países afectados: Perú, Guatemala, Haití, El Salvador, Somalia, Etiopía, Suráfrica, Argelia, Angola, Egipto, Sudán, Irán, Irak, Pakistán, India, Afganistán, Camboya...

EL COLAPSO SOVIÉTICO

Enfrentamientos étnicos o rivalidades nacionales, instituciones paralizadas, organización de mafias, caída en picado de la economía en la ex Unión Soviética. Mientras Corea del Norte, Vietnam y Cuba se aferran al comunismo y China se abre a la economía de mercado, Hungría, Polonia y la República Checa empiezan a salir del túnel.

CONFLICTOS ÉTNICOS

Irlanda del Norte, varios países africanos (Ruanda, Burundi, Somalia, Liberia, etc.), las guerras del Cáucaso, los Balcanes (ex Yugoslavia), el conflicto árabe-israelí, las resistencias kurdas, los movimientos independentistas de Cachemira y del Tíbet, la guerra de Sri Lanka,...

EL NORTE DOMINANTE

● El núcleo americano (Estados Unidos, Canadá, México), con 367 millones de habitantes. Parte en las exportaciones mundiales (Canadá y Estados Unidos): 16,1 por ciento. ● El núcleo europeo (Comunidad Europea y Asociación europea de libre comercio), con 380 millones de habitantes. Parte en las exportaciones mundiales: 46,5 por ciento. ● El núcleo japonés, con 123 millones de habitantes. Parte en las exportaciones mundiales: 9,2 por ciento.

ÁREAS DE DESARROLLO

Legitimidad democrática, despegue económico, ligados a un gran núcleo de desarrollo, estos países evolucionan armoniosamente, algunos de ellos desde hace medio siglo -Australia, Nueva Zelanda- otros más recientemente, como Argentina, Chile, República Checa o Hungría.

LOS ARSENALES DE ARMAS

Oriente Medio (Siria e Israel, sobre todo), China, que de 1988 a 1992 ha doblado prácticamente sus gastos militares, Taiwán, India, Pakistán y Turquía, Corea del Norte, que acaba de abandonar el Tratado de no proliferación de armas nucleares y que refuerza su potencial militar; Japón, que gasta el 1 por ciento de su Producto Nacional Bruto en armamento y se convierte en el tercer presupuesto militar del mundo.

LOS DRAGONES DEL PACÍFICO

Pequeños o grandes, los nuevos países industrializados o dragones, se extienden en Asia-Pacífico y están consiguiendo los mayores índices de desarrollo. Corea del Sur: 8,5; Malasia: 8,3; Tailandia: 7,9; Taiwán: 7,4; China: 7,3; Singapur: 7,1; Hong Kong: 4,3. (En España apenas se alcanzó el 1 por ciento en 1992.)

EL CAOS AFRICANO

Un continente a la deriva, amordazado por la deuda externa. De los 45 países al sur del Sahara con unos 550 millones de habitantes, 16 se encuentran al borde del hambre -con menos de 2.200 calorías al día-, 14 apenas rebasan el límite de la pobreza, 18 se enfrentan a problemas internos o conflictos étnicos. Persisten algunas férreas dictaduras, como en Zaire, Togo y Malaui.

1. ¿En qué están basadas las desigualdades en Suramérica?

   En Guatemala

2. ¿Qué manipula la oligarquía en Guatemala?

   La manipula a sus anchas del proceso y la economía

3. ¿Tiene Chile mucha población nativa?

   No ~~tiene~~ es un país con poca población nativa.

4. ¿Qué peculiaridad tiene Cuba?

   tiene una economía planificada.

5. ¿Por qué se dice que Brasil es el gigante del área?

   Es más que mitad de SurAmerica

6. ¿Qué añade conflictividad en Colombia?

   ~~Narcóticos~~ Narcotrafico

7. ¿Por qué crees que se considera a Suramérica la gran cola del cangrejo mundial?

   Porque su reserva economica

8. ¿Qué conflictos económicos y políticos conoces en Suramérica?

   En Perú, Guatemala, El Salvador.

U. Preguntas personales. Contesta las siguientes preguntas.

1. ¿Te interesa la economía? ¿Qué temas de la economía mundial te interesan?

   Me interesa un poco, el mayor es como un país puede ~~afectar~~ afectar un otro.

2. ¿Qué temas de la economía local te interesan: la bolsa, los bancos, los intereses, los préstamos...?

   Los préstamos ~~son~~ me interesan, porque conceden toda gente de comprar cosas.

3. En tu opinión, ¿es importante tener conocimientos de economía?

Si, es importante tener conocimientos
on un poco de todos.

4. En tu caso, ¿ahorras mucho dinero al año? ¿En qué inviertes tus ahorros?

Si, ahorra mucho, y invierto en banco

5. ¿Has solicitado alguna vez un crédito? ¿Para qué?

Si, para que ir a universidad.

6. ¿Cuál crees que es la mejor forma de ganar dinero?

Trabajar mucho y, inverter su ~~su~~ ganas

7. ¿Crees que el dinero es importante y necesario para ser feliz? ¿Por qué?

No siempre necesario, pero es importante
ahorrar por cuando no puede trabajar

Lección 6 ¡Cuide su salud!

A. Las partes del cuerpo. Junto a cada número en el dibujo de este muchacho y en el dibujo de la muchacha en la página siguiente, escribe la palabra apropiada del vocabulario.

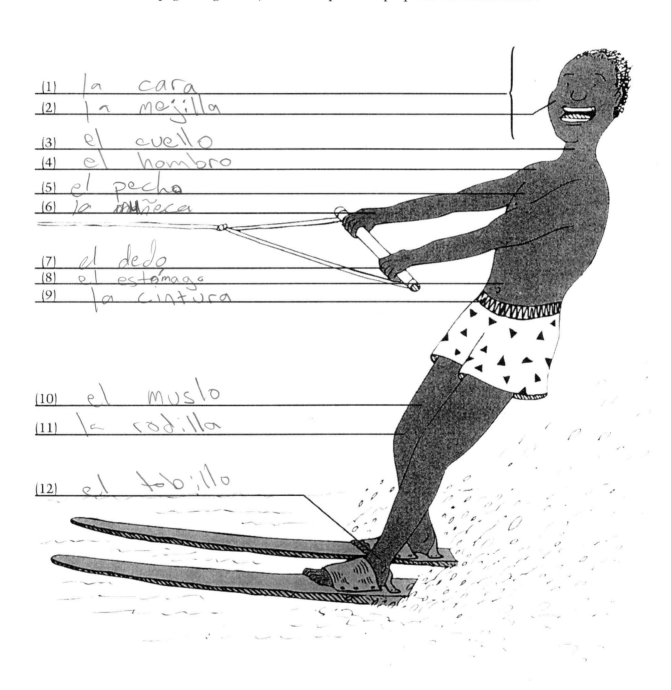

(1) la cara

(2) la mejilla

(3) el cuello

(4) el hombro

(5) el pecho

(6) la muñeca

(7) el dedo

(8) el estómago

(9) la cintura

(10) el muslo

(11) la rodilla

(12) el tobillo

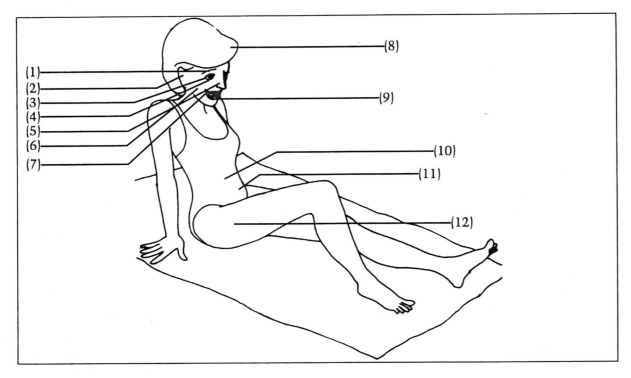

1. <u>la ceja</u>
2. <u>las orejas</u>
3. <u>los ojos</u>
4. <u>las pastañas</u>
5. <u>la nariz</u>
6. <u>la mejilla</u>

7. <u>la boca</u>
8. <u>el pelo</u>
9. <u>los labios</u>
10. <u>la cintura</u>
11. <u>el estómago</u>
12. <u>el muslo</u>

B. Los pacientes. Describe con tus propias palabras lo que ocurre en cada escena.

1. <u>la enfermera esta poniendo una inyección</u>

2. <u>el hombre esta tomando el jarabe para los tos.</u>

3. _Ella es alérgico a las flores_

4. _el doctor esta dando un examen médico_

ESTRUCTURAS

EL SUBJUNTIVO: FORMA Y USO EN CLÁUSULAS NOMINALES

C. Un amigo nuestro tiene muchos problemas. Mariana y Javier acaban de ver este anuncio en el periódico y hacen algunos comentarios. Lee el diálogo y completa las oraciones con la forma apropiada del verbo indicado.

MARIANA: ¿Crees que nuestro amigo Rafa _tenga_ (tener) un problema de drogas?

JAVIER: ¡Ya lo creo! Pero lo que más me preocupa es que él no _quiera_ (querer) oír nuestros consejos.

MARIANA: Dudo que sus padres lo _sepan_ (saber).

JAVIER: Es urgente que nosotros _llamemos_ (llamar) a este número.

MARIANA: Te suplico que tú _hagas_ (hacer) la llamada.

JAVIER: ¡Bien! Me alegra que tú y yo _estemos_ (estar) de acuerdo en este asunto que tanto nos preocupa a los dos.

MARIANA: Más vale que _pidamos_ (pedir [nosotros]) información clara y que _tratemos_ (tratar) de ayudar a Rafa inmediatamente.

JAVIER: De acuerdo.

D. Ayuda. Si tu amigo(a) tiene un problema de drogas, dile por escrito lo que piensas. Completa las siguientes oraciones.

1. Me molesta que _____

_____ .

2. Es importante que _____

_____.

3. Te recomiendo que _____

_____.

4. No creo que _____

_____.

5. Espero que tú _____

_____.

E. **¡Doctor, toso a toda hora!** El señor Óscar González fuma desde hace muchos años. Su salud siempre ha sido muy buena. Pero últimamente no se encuentra muy bien. Ha decidido escribirle a su amigo, el doctor Raúl Varona, para pedirle consejo. Completa con el verbo en indicativo o subjuntivo lo que Óscar González le dice al doctor.

Raúl:

Tú ya sabes que yo _____ (fumar) más de diez cigarrillos al día.
1
Tú sabes que yo _____ (fumar) lo mismo ahora que hace quince años.
2
Y por eso no creo que mi mala salud en estos momentos _____ (ser)
3
una consecuencia del tabaco. ¿Qué crees tú?

Cuando me levanto por las mañanas, yo _____ (toser) sin parar
4
durante una hora. ¿Es posible que yo _____ (toser) porque por las
5
mañanas siempre hace más frío? Mi segundo síntoma: cuando subo las escaleras de mi

casa, _____ (cansarme) muchísimo. ¿Es posible que yo
6
_____ (cansarme) simplemente porque ya soy viejo? En tercer lugar,
7
últimamente no _____ (tener) mucho apetito. Mi esposa quiere que
8
yo _____ (comer) a toda hora; y a ella le molesta que yo no
9
_____ (tener) apetito. ¿Crees que yo no _____ (tener)
10   11
apetito porque fumo demasiado?

Me preocupa que mis pulmones no _____ (estar) en buenas con-
12
diciones. Ya sé que yo no _____ (ser) una persona atlética y saludable.
13
Pero me gustaría cambiar. Te pido que _____ (darme) algunos consejos
14
para mejorar mi salud.

F. **¡Te aconsejo que dejes de fumar!** Imagínate que eres el doctor Raúl Varona y tienes que darle algunos consejos a tu amigo Óscar. Completa las siguientes recomendaciones con la forma adecuada del verbo entre paréntesis.

1. Óscar, en primer lugar, te aconsejo que tú _____ (dejar) de fumar. O al menos, es preferible que por un tiempo _____ (no fumar) más de dos cigarrillos al día.

2. Es importante que _____ (tomar) infusiones de algunas hierbas medicinales.

3. Recuerda que _____ (deber) cuidar tu dieta.

4. Te recomiendo que tú _____ (comer) frutas, verduras y ensaladas.

5. También creo que es importante que tú _____ (hacer) ejercicio ligero todos los días.

6. Es preferible que también por un tiempo _____ (no salir) por las noches si hace mucho frío.

7. Opino que tu problema no _____ (ser) muy grave y pronto pasará si tú _____ (seguir) mis consejos.

EL IMPERATIVO FORMAL

G. **Soy nuevo en la Facultad de Medicina.** ¿Qué debo hacer? El profesor Ibarra, uno de los consejeros estudiantiles, le da consejos a un estudiante que acaba de ingresar en la Facultad de Medicina. Contesta la pregunta de dos maneras, según el ejemplo.

Ejemplo: —¿Tomo el curso de anatomía? (Sí,... este semestre.)
             —*Sí, tome el curso de anatomía este semestre.*
             —*Sí, tómelo.*

1. —¿Solicito ayuda financiera?

   —Sí, _____ para este año.

   —Sí, _____.

2. —¿Busco trabajo como auxiliar (*assistant*) de medicina?

   —No, no _____ todavía.

   —No, no _____.

3. —¿Compro los libros?

   —Sí, _____ de inmediato.

   —Sí, _____.

4. —¿Pongo mi nacionalidad en este formulario?

   —Sí, _____ aquí.

   —Sí, _____.

5. —¿Le entrego a Ud. el formulario?

   —Sí, _____ por favor.

   —Sí, _____.

6. —¿Le doy esta nota a la profesora?

—No, no _____ a ella, _____ a mí.

—No, no _____ .

H. Historias en el hospital. ¡Primera parte! Los enfermeros tienen siempre mucha paciencia. El enfermero Josu acaba de recibir una llamada urgente del paciente de la habitación 315. Por tanto, va corriendo a la habitación y encuentra al paciente con un ataque de histeria. Escribe las órdenes que el paciente le da al enfermero.

Ejemplo: *¡Enfermero, mire a este animal feo y amenazador! ¡Es una hormiga!* (ant)

1. _____

2. _____

3. _____

4. _____

I. Historias en el hospital. ¡Segunda parte! En otra planta del hospital, la señora Fernández discute con su doctor porque su última dieta para adelgazar no le funcionó. El doctor cree que la señora Fernández no siguió la dieta estrictamente. Escribe las órdenes que el doctor le da a la señora Fernández para adelgazar.

Ejemplo: dejar de comer tantas golosinas
Deje de comer tantas golosinas.

1. controlar su peso

_____

2. no preparar alimentos ricos en grasas

_____

3. dormir bien

_____

4. no dejar de hacer ejercicios todos los días

_____

5. ser más activa

_____

6. conocer a gente deportiva que la pueda inspirar

_____

7. no quedarse en un sillón mirando la televisión por horas

_____

8. comprar una bicicleta estacionaria y hacer ejercicio

_____

9. no pedir el menú del día ni postre en los restaurantes

_____

10. saber que sólo de Ud. depende estar en forma

_____

EL IMPERATIVO FAMILIAR

J. **Nunca lo hace bien.** Juan nunca sabe qué hacer en la oficina de su médico. Forma mandatos familiares (tú) afirmativos y negativos según el ejemplo.

Ejemplo: —Juan: ¿Me siento en el sofá? (la silla)
               —El médico: *No te sientes en el sofá. Siéntate en la silla.*

1. ¿Hablo con la recepcionista? (el enfermero)

_____

2. ¿Le cuento un chiste? (los síntomas)

_____

3. ¿Me quito los zapatos? (la camisa)

_____

4. ¿Abro los ojos? (la boca)

_____

5. ¿Estornudo? (Toser)

_____

6. ¿Me pongo boca abajo? (boca arriba)

_____

7. ¿Voy al hospital? (a casa)

_____

8. ¿Llevo la receta al supermercado? (la farmacia)

_____

9. ¿Tomo las pastillas tres veces al día? (dos veces)

_____

10. ¿Hago una cita para mañana? (el lunes)

_____

K. **Cómo salir bien en la clase de español.** Tu amigo tomó tu clase de español el año pasado y te ofrece una serie de recomendaciones de cómo tener éxito en la clase. Forma mandatos familiares de los verbos entre paréntesis.

(Llegar) _____ a clase temprano. Nunca (llegar) _____ tarde. No (sentarse)
              1   2
_____ en la última fila (*row*). (Sentarse) _____ en la primera. (Sacar) _____ tus libros
   3   4   5
en seguida y (empezar) _____ a repasar la tarea. Siempre (hablar) _____ mucho en clase.
                          6   7

Nunca (mascar) _____ chicle. (Decirle) _____ a la profesora que te encanta la clase. No
8 9
(salir) _____ de clase sin despedirte de la profe. (Ir) _____ al laboratorio de lenguas con fre-
10 11
cuencia. (Hacer) _____ la tarea antes de ir a clase. No (hacerla) _____ en clase. Si no
12 13
entiendes algo, (llamar) _____ a la profe o (escribirle) _____ un email. (Mostrar)
14 15
_____ interés en la cultura hispana, y (pedirle) _____ información sobre los programas de
16 17
intercambio en Latinoamérica. Yo pasé un año en Chile y fue una experiencia inolvidable. Y, si necesitas ayuda, (venir) _____ a mi cuarto y te ayudaré.
18

12. Enséñale a comer bien. Ahora concéntrate en la salud de tus familiares. Lee con atención el siguiente aviso y prepara una dieta de cinco sugerencias para una persona muy querida.

Ejemplo: *Respeta todas las comidas y sigue un horario regular. No te saltes las comidas.*

ESTO TE AYUDA		ESTO NO	
Respetar todas las comidas, y seguir un horario regular.	❶	Saltarte las comidas (tendrás más hambre y acabarás comiendo más).	
Beber agua.	❷	El alcohol	
Comer despacio y masticando bien.	❸	La ansiedad	
Respirar y relajarte antes de empezar a comer.	❹	Los nervios, el estrés	
El deporte. El ejercicio.	❺	Las confortables sillas de oficina	
La continuidad, los sistemas progresivos.	❻	La impaciencia, los métodos drásticos	
Controlar lo que comes en situaciones de compromiso (ya sabes: ni pan, ni fritos...)	❼	Los menús hipercalóricos	
Hacer vida normal.	❽	Cambiar tu vida a causa de tu dieta	

1. _____
_____

2. _____
_____

3. _____
_____

4. _____
_____

5. _____
_____

EL IMPERATIVO DE NOSOTROS

M. "ERRARE HUMANUM EST". Hoy operan a Eduardo de la pierna, porque se la fracturó jugando
al fútbol. Eduardo está muy nervioso. En el quirófano, sólo le han dado anestesia local. Y por eso
escucha con mucha atención todas las preguntas que los enfermeros y enfermeras le hacen al
médico. Escribe las respuestas del doctor a esas preguntas, usando el imperativo de **nosotros** y
usando los pronombres apropiados.

Ejemplo: —¿Vamos a ponerle anestesia local a la pierna de Eduardo?
—*Sí, pongámosela sólo a la pierna.*

1. ¿Nos ponemos el uniforme verde de operar y los guantes esterilizados?

_____

2. Doctor, ¿vamos a hacerle un análisis de sangre antes de abrirle la pierna?

_____

3. ¿Vamos a utilizar el bisturí pequeño?

   _____

4. Doctor, ¿vamos a tomarle una radiografía al hueso de la pierna?

   _____

5. Doctor, el paciente está pidiendo que le enseñemos el trozo de hueso que le hemos sacado. ¿Se lo enseñamos?

   _____

6. El paciente se ha dormido. ¿Lo despertamos o no?

   No, _____

7. Doctor, la operación ha terminado. ¿Cerramos ya la herida?

   _____

8. ¡Enhorabuena, doctor! La operación ha sido un éxito. ¿Vamos a celebrarlo ahora?

   _____

¡OJO CON ESTAS PALABRAS!

N. Para ser un buen médico. Hoy el doctor Javier Santillana, director de la Facultad de Medicina de la Pontificia Universidad Católica de Chile, da la bienvenida a los nuevos estudiantes que desean ser médicos en un futuro. Completa el discurso del doctor Santillana con la palabra adecuada.

Bienvenidos a esta Facultad de Medicina. Hoy es su primer día en la universidad. Hace cuatro meses, Uds. nos enviaron su _____ (solicitud / aplicación) para estudiar en esta Facultad. Nosotros revisamos cuidadosamente todas las _____ (solicitudes / aplicaciones) y enviamos las cartas de aceptación a los ciento cincuenta muchachos con mejores expedientes académicos. Después de un duro proceso de selección de entre miles y miles de estudiantes, Uds. son esos ciento cincuenta estudiantes. Todos Uds. han _____ (realizado / se han dado cuenta de) su sueño de ser aceptados e ingresar en esta universidad.

Ser doctor(a) es un sueño para Uds. Y yo voy a intentar durante todo este año que Uds. _____ (realicen / se den cuenta de) la responsabilidad e importancia que los doctores tienen en la sociedad.

Muchos de Uds. están pensando que los buenos doctores ganan mucho dinero. Es cierto. Ahora Uds. piensan que con esfuerzo y dedicación, no está muy lejos el día en que se conviertan en médicos famosos y puedan _____ (jubilarse / retirar) jóvenes con mucho dinero para _____ (soportar / mantener) a sus familias por el resto de sus días. Sin embargo, cuando Uds. sean famosos y tengan mucho dinero, es probable que no deseen abandonar su carrera profesional. Es probable que Uds. amen muchísimo el trabajo en el hospital; y es posible que decidan seguir trabajando.

Ese día está lejos. Hablemos de las cosas que tienen que hacer durante esta primera semana como estudiantes de medicina. Voy a darles algunos consejos que les pueden _____ (sostener / ayudar):

- En primer lugar, si después de una semana aquí todavía quieren estar en esta universidad, Uds. deben _____ (registrarse / matricularse) oficialmente y pagar las tasas.
  ₈

- Antes de entrar en cualquier laboratorio o quirófano, es necesario que Uds. _____ (realicen / registren) sus bolsas para comprobar que tienen todo lo
  ₉
  necesario: guantes esterilizados, máscara, bata, etc.

- Mientras trabajan en los laboratorios, es preciso que _____ (se den cuenta
  ₁₀
  de / realicen) que un día una vida humana dependerá de su habilidad para operar.

- Durante cualquier operación, traten de _____ (ayudar / asistir) al médico
  ₁₁
  responsable en todo lo posible.

- Si durante una operación, Uds. sienten que se van a desmayar, es mejor que avisen al doctor y se _____ (retiren / muevan) de la mesa de operaciones para dejar sitio al
  ₁₂
  enfermero sustituto. Desmayarse por ver sangre no es muy grave. Todos nos hemos desmayado alguna vez. Por eso, si les ocurre, no se sientan _____ (avergonzados /
  ₁₃
  embarazados).

- Si en alguna ocasión uno de los enfermos no se porta como debe, háganselo saber al doctor o a la doctora responsables. No hay que _____ (sostener / soportar) la imperti-
  ₁₄
  nencia de ninguna persona.

No tengo nada más que decir. Muchas gracias por su atención y mucha suerte. La primera clase de anatomía empieza hoy a las tres de la tarde. No se olviden de _____ (asistir /
₁₅
registrar).

Nombre: _____ Fecha: _____

O. En buena forma. Lee el siguiente artículo y contesta las preguntas.

EL PERIÓDICO UNIVERSITARIO DE HORIZONTES

dígale adiós a la panza

No queda más que hacer ejercicio, alimentarse saludablemente y mantener una buena postura.

por **Carolina Méndez**

¡Qué molesta es esa pancita que muchas veces crece y crece! Ella no discrimina a mujeres delgadas ni gruesas, aunque estas últimas son más propensas a tenerla. El exceso de panza no sólo es estéticamente desagradable, sino que también puede contribuir al dolor de espalda.

Esa pancita es el producto principalmente de grasa que se va acumulando con el paso del tiempo, falta de ejercicio físico, malas posturas y una alimentación inadecuada. Además, no olvide que si no se hacen ejercicios para los músculos abdominales se ponen flácidos.

Un aspecto que se debe tener en cuenta es que las mujeres, por estructura anatómica y fisiológica,

tienden a acumular grasa en el abdomen bajo y en las caderas, explica la fisioterapeuta Rebeca Ávila. Además, ellas tienen más tejido adiposo contrario a los hombres, que poseen más músculo.

Si ya usted tiene esa incómoda pancita o desea evitarla, ¿qué puede hacer?

Estos consejos, proporcionados por la fisioterapeuta consultada, se adaptan tanto para los hombres como para las mujeres en general. Tome nota:

Mantenga una dieta adecuada, principalmente baja en grasa.

Para un mejor resultado, combine ejercicio aeróbico con anaeróbico; por ejemplo, haga los ejercicios para los abdominales que se incluyen, por lo general, al final de las clases de

aeróbicos en el gimnasio.

No descuide su postura en ningún momento como cuando camine, al estar sentado, etc. El abdomen debe estar siempre, siempre contraído o como se le llama comúnmente "adentro".

Haga ejercicios para los abdominales, pero bien hechos, unas tres veces por semana en series de cinco con 15 repeticiones. El número lo puede ir aumentando con el paso del tiempo. Cuando haga ejercicios para los abdominales debe poner el abdomen como un "acordeón". Si le duele el cuello mientras los hace es porque está poniendo toda la tensión en él, lo cual no está bien. Además, la barbilla debe estar hacia arriba.

Para no aburrirse, utilice diferentes opciones para hacer sus ejercicios para

los abdominales, como *steps*, bolas de flexibilidad, ligas, la banca inclinada, etc. También puede hacerlos sin ayuda de accesorios, como es el caso de los ejercicios para los abdominales que se hacen de pie o los tradicionales que se hacen en el piso.

La fisioterapeuta insiste en que no es conveniente utilizar fajas y bolsas de plástico para sudar, ya que esto lo único que hace es deshidratar, y no quemar grasa, como se cree erróneamente. Estas prácticas no son buenas para la piel porque no le permiten respirar al obstruir los poros.

Fuera de los ejercicios para los abdominales, son de gran utilidad los ejercicios como correr, caminar y brincar suiza.

Ante todo, mantenga una muy buena postura.

1. ¿Qué factores producen la panza?

_____

_____

_____

2. Si te duele el cuello mientras haces ejercicios para el abdomen, ¿qué es lo que estás haciendo mal?

_____

_____

_____

3. ¿Qué recomienda la autora contra el aburrimiento?

_____

_____

_____

4. ¿Por qué no es bueno usar fajas y bolsas de plástico para eliminar la panza?

_____

_____

_____

P. **Opinión.** Algunas personas dicen que el alcohol y el tabaco son también drogas, y algunas de ellas creen que deben ilegalizarse, como las otras drogas. Otras personas los identifican como productos distintos. ¿Qué piensas tú? ¿Crees que el alcohol y el tabaco son drogas o no? Si lo son, ¿deberían ilegalizarse? ¿Por qué?

_____

_____

_____

_____

_____

Q. **Preguntas personales.** Contesta las siguientes preguntas.

1. ¿Cuál crees que es la relación entre la nutrición y la salud?

_____

_____

2. ¿Qué alimentos te gusta comer y por qué?

_____

_____

3. ¿Crees que una dieta alta en grasas puede afectar a la salud? ¿Por qué?

_____

_____

4. ¿Qué haces generalmente cuando tienes un resfrío?

_____

_____

5. ¿Cuándo fue la última vez que estuviste enfermo(a)? ¿Qué tenías?

_____

_____

6. ¿Qué le pides o le ruegas a tu novio(a) cuando estás enfermo(a)?

_____

_____

7. ¿Piensas que la juventud debe tener más información sobre el SIDA (AIDS)? ¿Por qué?

_____

_____

8. ¿Por qué es necesario hacer ejercicios físicos?

_____

_____

9. ¿Qué haces cuando la persona que está a tu lado fuma como una chimenea?

_____

_____

10. Escribe un párrafo contando un accidente de coche, de tren o de avión que te haya impresionado mucho.

_____

_____

_____

_____

_____

Lección 7 *¿Conoces mi ciudad?*

VOCABULARIO PARA LA COMUNICACIÓN

A. Estampa de una ciudad con tráfico. Observa el siguiente dibujo y, usando el vocabulario que ya conoces, identifica y señala objetos propios de la ciudad. Escribe una oración original para cada palabra.

Ejemplo: *edificio*: Hay muchos edificios altos en la ciudad.

B. ¿Por dónde comenzamos? Tú y tu pareja están preparándose para vivir juntos y han decidido comprar todo lo necesario en un solo almacén. Uds. ya tienen la lista de compras y sólo hay que ordenarla para no estar recorriendo varias veces los diferentes departamentos. Ordenen su lista de compras de acuerdo con los departamentos.

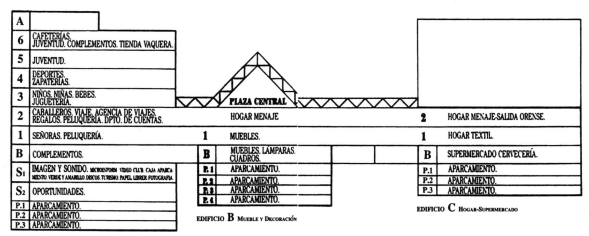

Lista de compras	
una colcha	dos juegos de sábanas
dos almohadas	una blusa de manga corta
pañuelos de hombre	una docena de calcetines
sandalias	una americana
una falda lisa	un traje de hombre
zapatos de tacón	pantalones vaqueros
una cartera	un cinturón de cuero
una lámpara	una alfombra
un televisor	una raqueta de tenis
un reloj pequeño	una licuadora
una cafetera	una tostadora
tres ollas y un sartén	una escoba

1. *Planta baja.* Accesorios (complementos): _____ *pañuelos de hombre* _____

2. *Primer piso.* Señoras (ropa de mujer): _____

3. *Segundo piso.* Caballeros (ropa de hombre): _____

4. *Tercer piso.* Ropa vaquera: _____

5. *Cuarto piso.* Deportes, zapatos: _____

6. *Quinto piso.* Imagen y sonido: _____

7. *Sexto piso.* Muebles, cuadros: _____

8. *Plaza Central.* Hogar, menaje de cocina: _____

EL SUBJUNTIVO EN CLÁUSULAS ADJETIVALES

C. **Lo que queremos.** Mi amiga y yo buscamos un nuevo apartamento en la ciudad. Llena el espacio con la forma correcta del verbo entre paréntesis en el presente del indicativo o del subjuntivo, según el contexto.

1. Tenemos un apartamento que (tener) __tenga__ [tiene] un dormitorio pero queremos un apartamento que (tener) __tenga__ dos dormitorios.

2. Nuestra cocina (ser) _es_ muy pequeña. Necesitamos una cocina que (ser) _sea_ grande.

3. Nuestro apartamento (costar) _cuesta_ más de mil dólares al mes. Queremos alquilar un apartamento que (costar) _cueste_ menos de mil dólares.

4. Queremos vivir en un edificio donde (haber) _haya_ un portero. En nuestro edificio no (haber) _hay_ un portero.

5. También buscamos un apartamento que (ser) _sea_ lujoso, que (tener) _tenga_ una piscina, que (estar) _esté_ cerca del centro y que (ofrecer) _ofrezca_ estacionamiento gratis para dos coches. ¿Hay un lugar que (tener) _tenga_ todo esto?

D. ¡Ahora te toca a ti! Completa las siguientes oraciones. Primero elige el adjetivo más apropiado. Después sustituye el adjetivo por una cláusula adjetival, con el verbo en indicativo o subjuntivo.

1. Yo tengo un coche (o bicicleta) _viejo_ (¿viejo? ¿nuevo?)
   Busco una bicicleta que sea nuevo.

2. Yo tengo un coche que _tiene 22 años_ (tener ... años)
   Quiero un coche que tenga.

3. Yo tengo un coche (o bicicleta) _rápido_ (¿lento? ¿rápido? ¿muy rápido?)
   Yo tengo una bici que sea rápido.

4. Yo tengo un coche que _____ (correr a 120 millas por hora)

5. Sin embargo, si algún día soy famoso y millonario, yo voy a tener un coche _carísimo_ (¿carísimo? ¿baratísimo?)
   yo voy a tener un coche que sea carísimo

6. Yo voy a tener un coche que _cueste dos_ (costar ... miles de dólares)
   miles de dólares

7. Yo estudio español con un libro _difícil_ (¿interesante? ¿aburrido? ¿difícil?)
   con un libro que es difícil.

8. Yo estudio español con un libro que _es grande_ (...).

9. Yo quiero encontrar un libro _que_ (...).
   sea más fácil.

10. Yo quiero encontrar un libro que _no sea_ (...).
    aburrido.

11. Pero no existen libros de español ___faciles___ (...).

12. No existen libros de español que ___sea faciles___ (...).

E. **¡El lugar ideal!** Las ciudades están llenas de cafés donde los amigos se reúnen, charlan y lo pasan bien. Describe tu lugar favorito en tu ciudad.

Ejemplos: ¿Hay mucha gente? ¿Hay poca gente?
*Mi lugar favorito es un café **donde** hay siempre mucha gente.*
¿Cierra temprano por la noche o no cierra hasta las dos de la mañana?
*Mi lugar favorito es un café **que** no cierra hasta las dos de la mañana.*

1. ¿La música está siempre muy alta? ¿Está siempre muy baja?
_____
_____

2. ¿Ponen música jazz? ¿música rock? ¿música country?...
_____
_____

3. ¿Está de moda, o está siempre vacío porque no va nadie?
_____
_____

4. ¿Hay muchas parejas, o hay muchos grupos grandes de amigos?
_____
_____

5. ¿Los cafés son buenos, o no son tan buenos?
_____
_____

6. ¿Tienen suficientes mesas y sillas para sentarse, o nunca hay mesas libres?
_____
_____

7. ¿Está en el centro de la ciudad? ¿Está cerca de la universidad? ¿Dónde está?
_____
_____

8. ¿Los camareros son simpáticos, o no son simpáticos? ¿Cómo son?
_____
_____

F. **Tu propio café.** Imagina que tú y tus amigos están planeando abrir un nuevo café en la ciudad. Utilizando las preguntas anteriores y otras preguntas, describe el café ideal que Uds. planean montar.

Ejemplo: *Queremos montar un café donde haya siempre mucha gente.*

_____

_____

_____

_____

_____

_____

_____

_____

_____

_____

_____

_____

_____

_____

_____

_____

_____

_____

_____

_____

_____

_____

_____

_____

G. Ofertas y demandas. Las páginas de los periódicos están siempre llenas de anuncios de trabajo. Repasa las columnas de Ofertas (12) y Demandas (13) en las que se busca y ofrece trabajo. De acuerdo con ellas, empareja A y B, completando B con la forma correcta del verbo entre paréntesis.

```
┌────────────────────────┐
│     COLOCACIONES        │
└────────────────────────┘
```

┌─ 12 ─ Ofertas ─┐

ATENCIÓN: Maestros, licenciados, estudiantes. La Academia GUVI les ofrece unos cursos de biblioteconomía, bien básicos para el inicio, ó bien especializados, dirigidos a profesionales que trabajan en bibliotecas o centros similares. Información: C/Garibay, 4-2.ª izda. San Sebastián. ☎ 421967-275092.
IGELTSERO ofiziala behar dugu. ☎ 373491 Josu.
INTERESA conductor para trailer. ☎ 276837.
INVERSIONISTA. Ofrecemos 15% interés anual garantizado. Razón. ☎ 130033.

NECESITAMOS señoritas con buena presencia para elegantes Clubs de Asturias. 5.000 diarias más comisión. Pagamos viaje. ☎ 985/346471, 358162.
NECESITO persona para limpieza y mantenimiento de caballos. ☎ 644756.
OCASIÓN para transportista que posea vehículo-furgoneta con tarjeta de transporte de Servicio Público, más antigua que matrícula SS.9400-O. Se vende. Camioneta Ebro F350. Impecable, solo 40.000 Km. siempre en garaje. Interesado, llamar ☎ 525941.
SE NECESITA barman, y señora para cocina. Avda. de Madrid, n.° 30. Bar Sacha. ☎ 451547.
SE NECESITA mujer con experiencia en cultivar plantas. Ref. 40070 de éste periódico.

┌─ 13 ─ Demandas ─┐

BUSCO trabajo tardes. Conocimientos soldadura autógena y eléctrica, carnet de conducir. ☎ 400054.
CHICA con mucha experiencia, informes, cuidaría ancianos o niños deficientes. beatriz. 216807.
CHICA euskaldún, responsable. Busca un trabajo por las mañanas. ☎ 362901.
ESTILISTA diplomada en E.S.H.O.D. París. Se ofrece modelos nuevos. Experiencia de trabajo. Interesados llamar de 9 a 10 h. o a partir de las 20 h. Preguntar por Ana. ☎ 133390.
SE OFRECE chico para cualquier trabajo, de 17 años y exento de servicio militar. ☎ 593534.

A

1. Se necesita una **persona**...

2. Hay un **chico** de diecisiete años...

3. Una **chica** responsable busca trabajo...

4. Se necesita una **mujer**...

5. En la columna de Ofertas, no hay nadie...

6. Los Clubes de Asturias buscan **señoritas**...

7. El Bar Sacha busca una **señora**...

8. Beatriz es una **chica** con mucha experiencia...

9. Hay una ocasión para un **transportista**...

10. Hay una **estilista** (de peinados) titulada en Paris...

B

_____a. que _____ (tener) experiencia de trabajo y ofrece nuevos modelos de peinados.

_____b. y _____ (poder) trabajar con ancianos y niños deficientes.

_____c. que _____ (ofrecer) sus servicios para cualquier trabajo.

_____d. que _____ (tener) buena presencia.

_____e. que _____ (ser) propietario de vehículo con licencia de transporte.

_____f. que _____ (cultivar) plantas.

_____g. que _____ (querer) trabajar en la cocina.

_____h. que _____ (ser) por las mañanas.

_____i. que _____ (ofrecer) sus servicios como vendedor.

_____j. que _____ (conocer) de mantenimiento de caballos.

H. ¡Y ahora te toca hablar de tu trabajo! Completa las siguientes oraciones. (Si no trabajas por el momento, escribe sobre tus estudios y tus profesores.)

1. El trabajo que tengo ahora _es más difícil y tengo que acostarme temprano._

2. Después de graduarme, buscaré un trabajo que _me pague muy bien_

3. Soy una persona que _trabajo fuerte._

4. Mi jefe (profesor[a]) piensa que _~~tenga~~ encuentre un ~~bien~~ trabajo_

5. No conozco a ningún jefe (profesor[a]) que _sea aburrido._

EL SUBJUNTIVO EN CLÁUSULAS ADVERBIALES

I. En las grandes ciudades. Observa la siguiente tira cómica. Después, completa las oraciones y marca si las afirmaciones son ciertas o falsas, según tu opinión.

EL PLANETA DE LOS NIMIOS — Pablo

¡¡SOCORRROOO!!

¡EN MIS 780 AÑOS POR EL ESPACIO, JAMÁS VI TANTO CIEGO Y TANTO SORDO!

CIERTO FALSO

____ ____ 1. En las grandes ciudades un(a) ciudadano(a) no se preocupa por la violencia, a menos que él mismo o ella misma _____ (ser) la víctima.

____ ____ 2. En una gran ciudad, cuando una persona _____ (gritar) ¡Socorrrooooooooo!, nadie _____ (ir) en su ayuda.

____ ____ 3. Mientras que _____ (haber) pobreza en la sociedad, habrá crímenes.

____ ____ 4. Siempre habrá delincuencia aunque _____ (existir) trabajo para todos.

____ ____ 5. La policía _____ (circular) por las calles para que la gente _____ (poder) caminar tranquilamente por ellas.

CIERTO FALSO

_____ _____ 6. Una persona no va a sufrir un atraco a menos que __*lleve*__ (llevar) mucho dinero en la bolsa.

_____ _____ 7. Siempre que las cárceles no _____ (ser) lo suficientemente grandes, se permitirá que los delincuentes _____ (caminar) por las calles.

_____ _____ 8. Una mujer es más vulnerable que un hombre, a no ser que ella __*practice*__ (practicar) karate.

_____ _____ 9. Un(a) ciudadano(a) puede ser víctima de la violencia aún cuando __*sepa*__ (saber) defenderse.

_____ _____ 10. Si la víctima no comunica el atraco tan pronto como __*ocurra*__ (ocurrir), puede desanimarse y no hacerlo después.

J. Abono de Transportes. Hacía mucho tiempo que viajabas en autobús y metro pero no sabías que se podía ahorrar dinero al comprar un Abono de Transportes, hasta que hablaste con tu amiga Elena María. Ella te explicó las ventajas y desventajas del Abono y la manera de obtener uno. Completa las oraciones con el verbo en el indicativo, el subjuntivo o el infinitivo.

1. ¡Es ridículo que tú __*pagas*__ (pagar) cada vez que subes a un autobús!

2. Debes comprarte un Abono de Transportes para no __*gastas*__ (gastar) tanto dinero al mes. El ayuntamiento subvenciona esos Abonos para que los estudiantes no __*gasten*__ (gastar) tanto dinero.

3. El año pasado yo no tenía Abono y gastaba mucho dinero. Para ir a la universidad todas las mañanas __*tomaba*__ (tomar) el autobús y pagaba dos pesos.

4. Ahora también utilizo el transporte público todos los días. Y cuando __*me subo*__ (subirme) al autobús por la mañana, no pago con dinero, sino que utilizo el Abono.

5. Cuando _empieces_ (empezar [tú]) tus clases en la Escuela de Arte, tendrás que tomar el autobús cuatro veces al día. Y cuando _quieras_ (querer [tú]) salir los fines de semana por la noche, tendrás que tomarlo seis veces al día. ¡Es mucho dinero!

6. Te recomiendo que _compres_ (comprar) el Abono pronto para que _puedas_ (poder) ahorrar dinero en el transporte diario.

7. ¿Qué es lo bueno del Abono? Sólo hay que pagar una vez al mes aunque tú _haces_ (hacer) varios viajes diarios.

8. ¿Qué es lo malo del Abono? Lo único malo es que no te devuelven el dinero en caso de que tú _____ (perder) el carné.

9. Entonces, es mejor que tú lo _solicites_ (solicitar) ahora mismo y que lo _guardes_ (guardar) muy bien. Tienes que guardarlo muy bien para _no perder_ (no perder) el carné.

10. Voy a explicarte lo que hay que hacer para que tú _puedas_ (poder) solicitar tu Abono cuanto antes.

11. Primero, es necesario que tú _pidas_ (pedir) una solicitud de Abono de Transportes en uno de los kioskos de la ciudad o por correo.

12. Cuando _vayas_ (ir[tú]) a solicitar el Abono, es preciso que _lleven_ (llevar) tu foto.

13. A no ser que _tengas_ (tener[tú]) más de veintitrés años, te pueden dar el Abono para jóvenes, ya que es más barato. Yo compré mi Abono cuando _cumpla_. (cumplir[yo]) veintitrés años. Pero cuando _cumpla_ (cumplir[yo]) veinticuatro el mes que viene, tendré que cambiar mi carné.

14. No importa que _seas_ (ser[tú]) de otro país. Siempre que _sabes_ (saber) el número de tu pasaporte, tienes derecho a solicitarlo. Cuando mi amiga Graziana _vino_ ~~tiene~~ (venir) de Italia el mes pasado, solicitó el Abono y se lo concedieron sin problemas.

15. Tan pronto como _recibas_ (recibir[tú]) el Abono, puedes viajar en autobús o en metro. Creo que _es_ (ser) una forma muy buena de ahorrar dinero en el transporte.

K. ¡Qué horror! ¡Ese policía va a ponerme una multa! Tú acabas de cometer una infracción al manejar. Un policía te pone una multa (*fine*). Completa el diálogo con la forma adecuada del verbo entre paréntesis.

POLICÍA: Buenos días. ¿Sabe Ud. que _está_ (estar[Ud.]) en una calle en dirección contraria? Tengo que ponerle una multa.

TÚ: Lo siento mucho. Pero cuando ___vi___ (ver[yo]) la señal de "Prohibido", ya era muy
2
tarde. No tuve tiempo para cambiar de dirección. Le prometo que la próxima vez, cuando
___pase___ (pasar[yo]) por esta calle otra vez, no volveré a cometer la misma infracción.
3
Ahora sé que esta calle ___es___ (ser) de dirección contraria.
4

POLICÍA: Cuando Ud. ___pase___ (pasar) por esta calle la próxima vez, se acordará de mí. A menos
5
que ___me dé___ (darme) una buena excusa, le voy a poner una multa de 50 pesos.
6

TÚ: ¿Cincuenta pesos? ¡No puede ser! ¿Quiere una excusa? Muy bien. Cuando ___iba___
7
(ir[yo]) a trabajar esta mañana, mi jefe estaba de muy mal genio. Por tanto, el día entero en
la oficina ha sido terriblemente malo. Mi jefe no ha parado de gritar. Ahora son las seis de
la tarde y me duele mucho la cabeza. Por eso, no he visto la señal de "Prohibido". Pero le
prometo que la próxima vez, cuando mi jefe ___esté___ (estar) de muy mal genio, y
8
___no pare___ (no parar de gritar) durante todo el día y entonces a mí ___me dola___ (dolerme)
9   10
mucho la cabeza, yo tomaré el autobús. No manejaré mi moto.

POLICÍA: Está bien. Antes de que ___se marche___ (marcharse[Ud.]) a casa, quiero que ___me conteste___ (con-
11   12
testarme) unas preguntas. Si un sábado por la noche Ud. se toma dos cervezas, Ud. no mane-
ja a menos que...

TÚ: 1. No manejo a menos que tenga que llevar a alguien al hospital.

2. _____

3. _____

POLICÍA: A los dieciocho años, ¿cuándo manejaba Ud.?

TÚ: 1. Manejaba cuando mi padre me prestaba su coche.

2. _____

3. _____

POLICÍA: Y la última pregunta, ¿en qué situaciones futuras no manejará Ud.?

TÚ: 1. No manejaré cuando mi jefe esté de mal genio y yo tenga mucho dolor de cabeza.

2. _____

3. _____

POLICÍA: ¡Al menos, sus intenciones son buenas!

EL IMPERFECTO DEL SUBJUNTIVO

L. La carta. Lee la carta de la página 109 y mira el uso del presente del subjuntivo y del imperfecto
del subjuntivo. Explica cada caso.

Ejemplo: FUERA el imperfecto del subjuntivo porque el verbo *buscaba* está en el
imperfecto.

Nombre: _____ Fecha: _____

CARTA DE UNA LECTORA

La semana pasada yo escribí un anuncio en este periódico. Yo buscaba un hombre **que** FUERA simpático, inteligente y amoroso. Yo quería **que** él me ESCRIBIERA o me LLAMARA por teléfono, **en caso de que** él ESTUVIERA interesado en mí. Yo buscaba un hombre que DESEARA casarse conmigo y formar una familia.

Ayer recibí una carta de un hombre muy interesante. En esa carta, él me cuenta muchas cosas. Me dice que él también vive solo. Y que también él buscaba una mujer **que** FUERA inteligente, soltera y cariñosa. Hoy tenemos una cita y vamos a conocernos.

Me alegro mucho de **que** él LEYERA mi anuncio en el periódico la semana pasada. Me alegro de **que** él DECIDIERA escribirme. Y me alegro de **que** hoy VAYAMOS A CONOCERNOS.

Estoy escribiendo esta carta, porque quiero **que** los lectores SEPAN algo: "Los anuncios clasificados son útiles **para que** las personas SE CONOZCAN. Yo escribí mi anuncio **para que** un hombre me ESCRIBIERA,... ¡Y funcionó!

_____
_____
_____
_____
_____
_____
_____
_____
_____
_____
_____
_____

M. Noticias del periódico. Lee con atención los siguientes acontecimientos que fueron publicados en un periódico argentino. Después, completa las oraciones con el imperfecto del subjuntivo de los verbos entre paréntesis.

Accidente de moto

Una persona resultó herida en un accidente de moto que se registró ayer en Rosario. Fuentes de la DYA informaron que el suceso tuvo lugar a las tres menos diez de la tarde, en la parte trasera del frontón Galarreta, al colisionar un ciclomotor Vespino y el Talbot Solara SS-4397-O.

1. Una persona resultó herida en un accidente de moto. La familia del motociclista temía que él _muriera_ (morir) pero parece que se ha salvado.

Detenidos en Buenos Aires presuntos traficantes

La Policía Municipal de Buenos Aires detuvo la pasada Nochevieja en la capital argentina a cuatro personas por presunto tráfico de droga y tenencia ilícita de armas de fuego, informaron ayer fuentes de este cuerpo.

2. La Policía Municipal de Buenos Aires informó al periódico de que habían detenido a cuatro traficantes de drogas. Nos sorprendió que los delincuentes, además de las drogas, _llevaran_ (llevar) armas de fuego.

Detenidos por el robo de medio millón en talones

Los oficiales de Mar del Plata han detenido a dos jóvenes acusados de sustraer medio millón de pesos, mediante la falsificación de varios talones que uno de ellos había robado previamente a un transportista con el que trabajaba, informaron fuentes de este cuerpo.

3. La Policía detuvo a dos jóvenes delincuentes antes de que ellos _pudieran_ (poder) gastar el medio millón de pesos que habían robado.

Tres jóvenes de la Cruz Roja heridos en accidente

Tres jóvenes que cumplen el servicio militar en el puesto de la Cruz Roja resultaron heridos en un accidente de circulación que se registró ayer en Zapala. El suceso tuvo lugar sobre las diez y media de la mañana, a la entrada de la citada localidad, cuando el vehículo Nissan Patrol en el que viajaban los jóvenes colisionó contra una farola.

4. Tres jóvenes de la Cruz Roja resultaron heridos cuando su coche colisionó contra una farola. Las personas que vieron el accidente pidieron que los jóvenes _fueran_ (ser) detenidos. Los familiares pidieron que les _dejaran_ (dejar) verlos.

N. En la agencia matrimonial. Pascual es nuevo en la ciudad y ha decidido ir a una agencia matrimonial. Un asesor de la agencia le ha pedido que hable de sí mismo, para poder buscarle la mujer adecuada. Completa la autobiografía sentimental de Pascual, con la forma adecuada del verbo (infinitivo, subjuntivo o indicativo).

Me llamo Pascual y soy nuevo en la ciudad. Hoy he venido a esta agencia matrimonial porque estoy buscando amigos. También deseo _encontrar_ (encontrar) una novia, si es posible.

Hace diez años, en 1994, yo tenía una novia que _se llamaba_ (llamarse) Mónica, que _ Place era_ (ser) muy guapa y simpática y que _estudiaba_ (estudiar) a todas horas. Por eso, nunca salíamos juntos, a menos que _haya hubieran_ (haber) una fiesta en nuestro barrio, o a menos que nuestros amigos _nos invitaran_ (invitarnos) a cenar a su casa. Yo estaba harto. Un día, cuando yo _la llevé_ (llevarla) a casa, hablé con ella. Le hablé de mis sentimientos y mis preocupaciones. Yo creía que nosotros _____, (no vernos) lo suficiente. Todos nuestros amigos salían juntos a cenar cada fin de semana. Pero nosotros no. Yo pensaba que nosotros _____ (no salir) mucho por la noche. No dudaba que ella _____ (amarme). Pero yo quería _pasar_ (pasar) más tiempo con ella y también (yo) quería que ella _Fuera_ (ser) más cariñosa conmigo. Su respuesta fue:

Mónica: Cariño, yo también quiero _pasar_ (pasar) más tiempo contigo, pero tú sabes que yo _nesesito_ (necesitar) estudiar mucho para mis exámenes.

Yo (Pascual): Sólo te pido que _salgamos_ (salir[nosotros]) todos los fines de semana, al menos un día. Sabes que trabajo mucho. Por eso, cuando _sea_ (ser) sábado, me gusta salir y divertirme.

Mónica: Entonces, lo mejor es que _____ (romper[nosotros]). Para mí es importante que tú _seas_ (ser) feliz y dudo que yo _pueda_ (poder) hacerte feliz.

Ese día mi novia Mónica y yo rompimos. Cuando por la noche yo _____ (volver) a mi casa, yo estaba desesperado. Incluso hoy, todas las noches, cuando _____ (pensar) en ella, me pongo un poco triste. Sin embargo, he decidido que es hora de superarlo.

He venido a esta agencia matrimonial porque necesito que alguien _____ (ayudarme) a encontrar novia. Busco una chica que _____ (ser) comprensiva, que _____ (tener) menos de veintiocho años y que _____ (no estudiar) todo el tiempo. Quiero que mi futura novia _____ (comprarme) flores todas las semanas. Deseo que ella nunca _____ (olvidar) nuestro aniversario. Y es importante que ella _____ (compartir) conmigo todos sus problemas y preocupaciones.

Yo cocinaré para ella todas las noches, a menos que a ella también _____ (gustarle) cocinar. Y yo lavaré los platos y limpiaré la casa con tal de que ella _____ (estar) siempre conmigo.

Cuando ella _____ (estar) triste, yo la escucharé.
Cuando ella _____ (tener) problemas, yo le ayudaré.

Estoy cansado de _____ (estar) solo en esta ciudad tan grande. Quiero
una amiga o novia _____ (para / para que) nosotros _____
(pasarlo bien). También es importante que ella _____ (tener) un coche rápido y
deportivo (un Porsche, por ejemplo), _____ (para / para que) nosotros
_____ (viajar) por todo el país y _____ (ver) diferentes lugares.
       En caso de que _____ (existir) alguna mujer que _____
(cumplir) todos mis requisitos, deseo que ella _____ (llamarme) lo antes posible.
¡Estoy deseoso de _____ (conocer) a la mujer de mis sueños!

O. La historia de los coches. Las calles de la ciudad están llenas de carteles publicitarios que anuncian los últimos modelos de coches. Hoy en día hay coches deportivos que son muy cómodos, que corren a más de 200 kilómetros por hora, que son convertibles, etcétera. Escribe los pensamientos de Gerardo cuando ve el cartel publicitario del deportivo Audi Coupé. Usa una hoja de papel aparte.

Ejemplo: *Quiero un coche que sea rápido.*

P.   Gerardo no puede dejar de pensar en los coches. Ese cartel publicitario ha hecho que él recuerde todos los coches que ha manejado desde que obtuvo el permiso de manejar en 1966, cuando él tenía dieciocho años. Completa los pensamientos de Gerardo con la preposición correcta y la forma adecuada del verbo entre paréntesis.

El primer coche que recuerdo en mi vida es el coche de mi papá. Mi papá tenía un coche
(auto) que _____ (ser) muy viejo y muy grande. Era una camioneta verde del año
52 que nunca _____ (estropearse) y que además _____ (tener)
un motor muy bueno. Cuando yo tenía doce años, yo creía que la furgoneta de mi papá

_____4_____ (ser) la cosa más maravillosa del mundo. No creía que entonces

_____5_____ (haber) una furgoneta más bonita en toda la región.

Cuando cumplí dieciséis años, empecé a leer revistas de coches. Ya no me parecía que la

camioneta de papá _____6_____ (ser) la mejor del mundo. A mí no me gustaba ningún

coche en particular. Pero, en general, quería un coche que _____7_____ (ser)

descapotable, que _____8_____ (tener) las ruedas muy grandes y que

_____9_____ (correr) a mucha velocidad. Soñaba con los primitivos deportivos

Ferrari. Todavía no existían coches que _____10_____ (correr) a 150 millas por hora.

Tampoco existían coches que _____11_____ (funcionar) con gasolina sin plomo. Los

coches hechos en 1960 _____12_____ (correr) a un máximo de 120 millas por hora y sola-

mente _____13_____ (funcionar) con gasolina con plomo.

Mi padre me enseñó a manejar su furgoneta. Pero yo quería para mí un coche que

_____14_____ (ser) menos viejo y más moderno. Por eso yo quería que mis padres

_____15_____ (comprarme) un coche nuevo. Yo no tenía nada de dinero y necesitaba

que mis padres _____16_____ (regalarme) el coche para mi cumpleaños. Mi mamá no

quería que yo _____17_____ (tener) un coche y siempre decía que los coches

_____18_____ (ser) muy peligrosos. Por el contrario, mi papá siempre

_____19_____ (animarme) a tomar el examen de manejar. Según él, era necesario que

yo _____20_____ (hacer) ese examen y que lo pasara lo antes posible.

El día que cumplí dieciocho años, yo _____21_____ (tomar) el examen de mane-

jar y _____22_____ (pasarlo). Yo estaba muy contento de _____23_____ (tener)

el permiso. Pero a mi madre le preocupaba que yo _____24_____ (manejar) muy de prisa.

El día que cumplí veintiún años, mi padre _____25_____ (comprarme) mi primer coche.

Era un coche rojo que _____26_____ (hacer) mucho ruido y que las chicas

_____27_____ (mirar) cuando lo veían. Mi padre siempre dudó que yo

_____28_____ (manejar) de forma segura. Y por eso me compró un coche viejo.

EL SUBJUNTIVO EN ORACIONES INDEPENDIENTES

Q. El transporte urbano. A veces el viajar en transporte urbano es una experiencia realmente estre-
sante, según con quien viajes. Tú vas a tomar el autobús con un(a) compañero(a) que es muy
nervioso(a) y que siempre tiene un comentario para lo que dices. Completa las oraciones según el
ejemplo.

Ejemplo: —Mmmm. El autobús no **viene.**
—*¡Que **venga** de una vez el autobús!*

1. —Me pregunto si **habrá** lugar para nosotros dos.

   —¡Ojalá _____ lugar para los dos!

2. —A esta hora, **subirá** mucha gente en el autobús.

   —¡Ojalá no _____ tanta gente!

3. —Creo que el conductor no va a **parar** en nuestra esquina.

   —¡Por Dios! ¡Que _____ en nuestra esquina!

4. —Se dice que **subirán** las tarifas del transporte el mes que viene.

   —¡Que no las _____!

5. —El conductor no **deja** subir a una madre con su hijo.

   —¡Que los _____ subir! Nosotros les cederemos el asiento.

6. —A lo mejor **hay** un embotellamiento de tráfico más adelante.

   —Es temprano. ¡Quizás no lo _____!

LOS ADVERBIOS

R. **La contaminación en la gran ciudad.** Rita es de Buenos Aires y este verano ha ido de vacaciones a un pueblecito argentino muy pequeño. En este pueblecito ha conocido a José Carlos, que nunca ha estado en una gran ciudad. José Carlos quiere saber cosas de la gran ciudad y le hace a Rita muchas preguntas. Responde según el ejemplo.

   Ejemplo: —¿Cómo se portan las personas en los atascos de tráfico? (grosero, rudo)
                  —*Se portan grosera y rudamente.*

1. —Cuando están con sus vecinos o amigos, ¿cómo hablan las personas de la ciudad? (cuidadoso, lento)

   _____

2. —Cuando caminan de prisa por las calles, ¿parecen nerviosos? (bastante)

   _____

3. —En general, ¿discuten en público? (no / mucho)

   _____

4. —¿Afecta mucho la contaminación a la ciudad? (bastante)

   _____

5. —¿Cómo se visten las personas cuando van a trabajar a sus oficinas? (elegante)

   _____

6. —¿Son altos los edificios? (sí / muy)

   _____

7. —¿Cómo caminan los peatones los domingos? (despacio)

   _____

8. —¿Cómo critican los ecologistas la vida de la ciudad? (irónico / sarcástico)

   _____

S. **¡No es posible! ¿Cómo dices?** José Carlos no puede creer muchas de las cosas que Rita le cuenta. Para estar seguro de entender bien, le pide que repita todo. Al repetir, reemplaza el adverbio por **una preposición + sustantivo.**

Ejemplo: —**Generalmente** no se puede ver el sol debido a la contaminación.
—¿Cómo?
—*Dije que **por lo general** no se puede ver el sol debido a la contaminación.*

1. —**Indudablemente** el humo procede de las fábricas y los coches.

—¿Cómo?

— _____

_____

2. —**Frecuentemente** no se puede respirar bien por el humo.

—¿Cómo?

— _____

_____

3. —**Irónicamente** algunos dicen que la vida en la ciudad es una película en blanco y negro, mientras que la vida en el campo es en color.

—¿Cómo?

— _____

_____

4. —**Finalmente** el gobierno ha aprobado una ley para prohibir que los coches expulsen demasiado humo por el tubo de escape.

—¿Cómo?

— _____

_____

¡OJO CON ESTAS PALABRAS!

T. **El abono.** Por fin compré mi Abono de Transportes para ir de un lugar a otro en la ciudad, pero precisamente hoy que ha llovido tanto no me sirvió para nada. Completa con el verbo apropiado.

¡Qué día! Hoy me levanté temprano porque sabía que tendría que _____
1
(salir de/dejar) casa a las ocho si quería llegar a la oficina a las nueve. Desde mi ventana vi que estaba lloviendo y decidí _____ (ponerme/poner) el impermeable para no mojarme.
2
Cuando llegué a la parada de autobuses me di cuenta de que _____ (había metido/se me había quedado) en casa el Abono de Transportes que acababa de comprar. ¡Qué tonta! Yo creí
3
que lo _____ (había metido/había colocado) en mi bolsillo antes de marcharme
4
pero no fue así.

Mientras lo buscaba desesperadamente, el autobús vino... ¡y _____ (salió/se
5
fue) sin mí! ¿Te lo puedes imaginar? Me _____ (dejó/salió) allí plantada en plena
6
lluvia.

Cuando por fin llegué a la oficina ya era tarde y estaba completamente mojada. Lo peor es que mi jefe _____ (había colocado/había metido) un mensaje encima de mi escritorio
₇
que decía: "En el futuro, hágame el favor de _____ (ponerse/poner) el despertador
₈
para poder llegar a tiempo a la oficina".

AMPLIACIÓN Y CONVERSACIÓN

U. **La urbanidad.** Lee el siguiente artículo y contesta las preguntas.

El colegio que volvió a enseñar urbanidad

Alumnos del Río de la Plata adoptaron el buen trato en el aula.

Algo no habitual y esperanzador ocurre desde hace dos semanas en el Colegio Río de la Plata, un establecimiento educativo privado de la ciudad: los chicos de quinto, sexto y séptimo grados ya no corren por los pasillos, no gritan en la clase, hacen fila, piden las cosas diciendo: "por favor" y dan las gracias.

Como por arte de magia, la amabilidad, la corrección y la cortesía son moneda corriente y se critica la desconsideración hacia los demás como si fuera un pecado mortal.

¿Cuál fue la fórmula del cambio?

Una serie de artículos publicados entre el 23 y el 30 de abril por *La Nación* sobre urbanidad, un ejercicio de reflexión y el entusiasmo de los propios alumnos, como consecuencia de los trabajos que realizaron con sus maestros a partir de las ideas suscitadas por esas ocho notas.

"El colegio hace hincapié en el tema de los valores —explica la psicóloga Patricia Gurmindo, miembro del gabinete psicopedagógico del Río de la Plata—; un medio masivo que legitima los contenidos que se buscan socializar. Si (los alumnos) lo ven en el diario, es parte de la realidad".

Graciela Ceriani Cernadas —vicedirectora del nivel primario en castellano del colegio, situado en Laprida 1659— tuvo la idea de lo que podía hacerse al leer *La Nación* y puso manos a la obra con los maestros de quinto, sexto y séptimo grados.

"Nuestra tarea consistió en organizar el material y bajar los contenidos de los artículos a la cotidianeidad del colegio", relata Ceriani Cernadas.

"Los comentamos en clase, y los chicos hicieron durante una semana un registro de situaciones en las que las faltas a la urbanidad saltaban a la vista —prosigue—. Luego se dividió a los alumnos de los tres grados en equipos. Extrajeron de las notas las ideas principales y elaboraron propuestas para realizar en el colegio".

Los chicos, hasta entonces, actuaban como muchos otros chicos del mundo. Juan, por ejemplo, con sólo once años, era un maestro de la viveza criolla: "Si no hago los deberes les digo a las maestras que se me olvidó la carpeta en casa o que se me la comió el perro". Y hasta tenía una filosofía: "Yo sé que hay que intentar ser honesto, pero en este país es poca la gente que lo logra".

Y, de repente, el cambio: "Cuando entendieron la propuesta —se asombra todavía la

vicedirectora— empezaron a participar más que en las clases normales y se atropellaban para contar los malos ejemplos que reconocían".

Para sorpresa de sus maestros, los estudiantes elaboraron un largo *mea culpa* de sus actitudes incorrectas.

En lo más alto del ranking de lo impropio figuraban:

los empujones y las coladas en la fila del quiosco;

atropellarse para salir al recreo y en los pasillos;

no respetar a los más chicos cuando se retiran de la escuela;

no responder al timbre de entrada y de salida de clase;

no usar el "por favor" ni el "gracias" cuando se comunican con sus compañeros y maestros.

Los chicos no ignoraban qué estaba bien ni qué estaba mal, solamente no lo practicaban. Los artículos de *La Nación*, más la reflexión colectiva les alertaron la memoria.

Así lo relató Agustina, de séptimo grado: "Son cosas obvias, pero el leerlas me las hizo recordar. Me doy cuenta de que yo también actúo así. Las notas hablan de mí, pude ver mis fallas y modificar mis hábitos".

Los artículos la llevaron a revisar su vida previa. "Cuando fuimos a ver la obra de teatro "Alma de Saxofón", algunos chicos a los que no les gustaba la

continúa

continúa
obra jugaban al teléfono descompuesto —se confiesa—. Después de leer los artículos nos dimos cuenta de que había sido una falta de respeto".

CUANDO LLEGA EL CAMBIO
Saldadas las cuentas con el pasado, los chicos empezaron a cambiar. "Ahora no corremos por los pasillos o por las escaleras —asegura Juan— ni gritamos si hay gente en clase".

Josefina, de séptimo grado, se descubrió agradeciéndole a la gente del comedor cuando le servían y retiraban la comida, y esperando pacientemente su turno en el quiosco. "Antes le gritaba a Gladys, la vendedora, lo que quería —recuerda con una sonrisa—. Ahora hago la fila y listo".

María Marta Chieffo, maestra de quinto grado, explica que los objetivos del ejercicio no se acaban allí. "Queremos que logren reflexionar sobre ellos mismos y que asuman un compromiso con la sociedad —dice—. En el futuro van a ser los encargados de transmitir a los grados inferiores las pautas de convivencia que incorporaron a partir de estas actividades".

1. ¿De cuáles grados son los estudiantes que participan en este nuevo programa?

_____

_____

2. ¿Qué es lo que impulsó a los maestros a enseñar la urbanidad?

_____

_____

_____

3. ¿Cuáles eran tres de las actitudes/actividades incorrectas más populares de los estudiantes antes de participar en el programa?

_____

_____

_____

_____

4. ¿Cómo se comportan los estudiantes ahora?

_____

_____

5. ¿Hay programas similares en las escuelas de los Estados Unidos? ¿Piensas que funcionan? ¿Por qué?

_____

_____

_____

_____

V. Opinión. ¿Crees que se debe enseñar el comportamiento en la escuela primaria, en casa, o en los dos lugares? ¿Por qué?

_____

_____

_____

_____

_____

_____

_____

_____

_____

_____

_____

W. Preguntas personales. Contesta las siguientes preguntas.

1. ¿Cómo es la comunidad en la que vives?

_____

_____

2. ¿Cuáles son los problemas más importantes de la ciudad en la que vives?

_____

_____

3. ¿Contribuyes al mantenimiento del medio ambiente? ¿Cómo?

_____

_____

4. ¿Qué cambios se tendrían que hacer para mejorar la ciudad o el pueblo en que vives ahora?

_____

_____

5. ¿Has oído o leído sobre algún caso de brutalidad por parte de la policía? ¿Cuándo? ¿Cómo? ¿Dónde?

_____

_____

6. ¿Piensas que es una buena idea que los ciudadanos lleven algún tipo de arma en el maletín (_briefcase_) para defenderse en caso de un atraco? ¿Por qué?

_____

_____

7. ¿Cuáles son algunos de los problemas de vivienda en el lugar donde vives?

_____

_____

8. ¿Dónde te gustaría vivir cuando termines tus estudios? ¿Por qué?

_____

_____

Lección 8   *Hispanoamérica: ¡Qué diversidad!*

VOCABULARIO PARA LA COMUNICACIÓN

A. **¡Saludos desde Puerto Rico!** Eva y Jaime son estudiantes de ecología de la Universidad de Puerto Rico–Río Piedras. Dentro de una semana, van con varios compañeros de clase a Argentina y a los Estados Unidos para estudiar la ecología de esos países. Antes de irse, pasan unos días en las playas de su país. Jaime decide escribirle una carta a un amigo argentino para contarle sobre su país y recordarle su visita. Completa la siguiente carta que Jaime le ha escrito a su amigo Jorge, usando el vocabulario de este capítulo.

árboles	relámpagos	olas	valle
el llano	al norte	arena	tormenta
truenos	las islas del Caribe	costa	selva

Queridísimo Jorge,

Te escribo desde una playa hermosa de Puerto Rico. Estoy aquí con mi amiga Eva. ¿Te dije que ella va conmigo y con nuestra clase a tu país? Estamos entusiasmados con la idea de estudiar algunas áreas remotas de Argentina, y yo tengo ganas de charlar contigo, también. ¿Cuánto hace que no nos vemos?

Salimos el próximo viernes, pero hasta entonces, yo me quedo aquí, en la playa Luquillo. Estoy seguro que tu país es hermoso, pero el mío es increíblemente bello. Tiene de todo, desde las playas hermosas con su _____1_____ blanca; el mar con grandes _____2_____ para surfear, hasta la _____3_____ densa de "El Yunque", con sus _____4_____ verdes y sus animales exóticos.

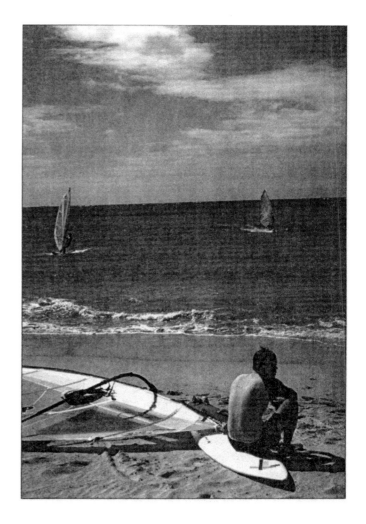

Durante el día de hoy, ha hecho sol y bastante calor, sin embargo, anoche hubo una _____5_____ fuerte. No podía dormir por el ruido de los _____6_____ y la luz de los _____7_____. Pero, como siempre, hoy amaneció con buen tiempo.

Bueno... ahora me despido porque vamos a cenar. Te llamaré en cuanto llegue a Argentina.

Un abrazo,

Jaime

B. Definiciones. Empareja la palabra de la columna A con la definición de la columna B.

A	B
_____ 1. sindicato	a. conjunto de personas que tienen una misma opinión política
_____ 2. ejército	b. grupo que se ocupa del bienestar de los trabajadores
_____ 3. gabinete presidencial	c. personas armadas que forman las fuerzas militares
_____ 4. partido político	d. persona que goza de los derechos políticos de un país
_____ 5. indígena	e. manera violenta de quitarle el poder al partido político que está en el gobierno
_____ 6. huelga	f. restricciones impuestas por el gobierno a los medios de comunicación
_____ 7. golpe de estado	g. habitante con raíces naturales en el país en que vive
_____ 8. democracia	h. sistema de gobierno en el que todos tienen derecho al voto
_____ 9. censura	i. acuerdo entre los trabajadores de una empresa para no trabajar y obligar a los patrones a considerar sus demandas
_____ 10. ciudadano	j. grupo de colaboradores que aconseja al presidente de una nación

ESTRUCTURAS

EL TIEMPO CONDICIONAL

C. Iguazú: una catarata de tres kilómetros formada por 275 cascadas unidas, situada en el rincón donde confluyen Argentina, Paraguay y Brasil. Jaime y Eva van con sus compañeros de la Universidad de Puerto Rico a Igazú para estudiar la ecología de la catarata. Jaime está consultando con un agente de viajes las diferentes posibilidades de organizar el viaje.

> IGUAZÚ: LA HERIDA BLANCA DE LA SELVA —En el rincón donde confluyen Brasil, Argentina y Paraguay surge la herida blanca. El agua se convierte en espuma; los ruidos de la selva, en tronar ensordecedor, y el visitante, en aturdido espectador de los caprichos de la naturaleza. Es Iguazú, Agua Grande en guaraní, una catarata de tres kilómetros formada por 275 cascadas unidas.

Millón y medio de turistas visitan cada año Iguazú desde Brasil y Argentina. En ambos países forma parte de un parque natural.

El río Iguazú nace en la brasileña Serra do Mar. Luego surca la selva durante 1.300 kilómetros hasta llegar a la catarata. Allí el agua se precipita con furia y ruido y cae 82 metros. Ya estamos en el rinconcito donde confluyen Brasil, Argentina y Paraguay. La catarata tiene casi tres kilómetros de largo y se ubica, casi en su totalidad, en territorio argentino. Los saltos de agua llegan a medir entre 60 y 85 metros. Y su enorme caudal alcanza hasta 12.700 metros cúbicos por segundo.

La catarata es cuatro veces más grande que la del Niágara y esa bellísima cortina de agua, sobre la que continuamente hay un arco iris, son en realidad 275 cascadas juntas.

Completa las preguntas que le hace el agente de viajes a Jaime. Complétalas con el condicional del verbo entre paréntesis y después contéstalas.

1. Agente: En la temporada de lluvias, de noviembre a marzo, el enorme caudal del río alcanza hasta 12.700 metros cúbicos por segundo. ¿En qué fecha _____ (salir) Uds. de viaje?

   JAIME: _____

2. Agente: A Iguazú se puede llegar desde Ciudad del Este (Paraguay), Puerto Iguazú (Argentina) y Foz de Iguazú (Brasil). ¿Desde dónde _____ (llegar) Uds.?

   JAIME: _____

3. Agente: Tanto en Brasil como en Argentina, las cataratas forman parte de un parque natural que protege el patrimonio animal y vegetal de la zona. Las plantas acuáticas que hay en Iguazú incluyen una variedad, podostemaceae, que sólo crece en aguas rápidas.
   ¿_____ (Tener) interés en hacer excursiones por todo el parque natural? ¿O _____ (preferir) visitar simplemente las cataratas?

   JAIME: _____

4. Agente: Dudo que Uds. sepan que el explorador descubridor de las cataratas fue el español Cabeza de Vaca. Las descubrió en 1541, y las bautizó con el nombre de las Cascadas de Santa María. Hoy ese rincón se llama Iguazú, que en guaraní significa Agua Grande. Allí, pueden encontrar muchos guías para que les expliquen la historia y geografía. ¿_____ (Gustarles) contratar a uno de esos guías para que les acompañe durante todas las excursiones?

   JAIME: _____

5. Agente: En cuanto al alojamiento, los lugareños recomiendan dos cosas: dormir en el hotel Cataratas en Brasil y madrugar mucho para asistir al despertar de la selva: cantos de pájaros, aullidos de felinos, sonidos de hojas gigantes mecidas por el viento... ¿A qué hora _____ (estar) Uds. dispuestos a levantarse todos los días?

Jaime: _____

6. Agente: El hotel Cataratas, un edificio estilo colonial, está en medio del codo que hace el río antes de la falla. Es un lugar precioso. ¿_____ (Pagar) Uds. 85 dólares por noche, o _____ (preferir) alojarse en un hotel más barato?

Jaime: _____

7. Agente: En el mismo hotel, se alquilan helicópteros por 25 o 50 dólares. El viaje dura siete minutos. Desde arriba, Uds. _____ (poder) ver la isla Grande, y la Garganta del Diablo: el más profundo cañón en el que parece que un océano cae en el abismo. ¿_____ (Alquilar) el helicóptero? Yo creo que Uds. _____ (deber) alquilarlo. No es muy caro y ¡la vista es impresionante!

Jaime: _____

8. Agente: En la parte argentina se puede comprar un paseo completo: la Garganta del Diablo, un paseo por el río Paraná (adonde llega el río Iguazú 23 kilómetros aguas abajo) en busca del caimán, visita a la isla de San Martín y, desde allí recorrido del río hasta la rompiente de las aguas. Todo por 30 dólares, incluyendo un bufé en los jardines del hotel Internacional. ¿_____ (Comprar) el paseo completo o _____ (preferir) hacer las excursiones por su cuenta?

Jaime: _____

9. Agente: Además, _____ (deber) visitar la presa Itaipú, la más grande del mundo, y _____ (tener que) hacer la pequeña travesía en barca.

10. Agente: _____ (Ser) conveniente que Uds. reservaran los boletos con bastante antelación. ¿_____ (Tener) Uds. tiempo de pasar por mi oficina esta tarde o mañana por la mañana?

Jaime: _____

D. ¡Y ahora te toca a ti! Jaime, Eva y sus compañeros de la universidad van a ir a los Estados Unidos después de terminar de estudiar la ecología del área alrededor de Iguazú. ¿Qué recomendarías que hicieran?

1. ¿Adónde los mandarías?

_____

_____

_____

2. ¿Dónde podrían alojarse?

_____

_____

_____

3. ¿Qué excursiones les propondrías hacer?

_____

_____

_____

4. ¿Adónde no recomendarías que fueran?

_____

_____

_____

LAS CLÁUSULAS CONDICIONALES CON SI...

E. El origen de la yerba mate. La siguiente leyenda de los indios guaraníes del Paraguay nos explica el origen de la yerba mate, una planta cuyas hojas se usan para hacer un té llamado mate. Este té se ofrece como símbolo de amistad y hospitalidad en Argentina. Lee la leyenda. Completa las siguientes oraciones y contesta las preguntas.

YERBA MATE
ELABORADA
DESDE EL AÑO 1874
CRUZ DE MALTA
INDUSTRIA ARGENTINA – PESO NETO **500 g**
Empresa Mate Larangeira Mendes S.A.
SAN MARTIN 483 – BUENOS AIRES

Se dice que la diosa Luna y la diosa Nube, para bajar a la tierra, tomaron la forma de bellas mujeres. Su tarea era recoger flores. Si veían alguna flor hermosa, la cortaban y se la llevaban al cielo. Cuenta la leyenda que un día que comenzó a caer la tarde, la diosa Luna y la diosa Nube iban de un lado a otro recogiendo flores sin darse cuenta de que ya estaba oscureciendo. Ellas sabían muy bien que si se demoraban recogiendo flores, oscurecería y no podrían llegar al cielo. Mientras decidían si debían cortar una más o volver al cielo se les presentó un tigre feroz. Las dos diosas sintieron un miedo terrible porque si el tigre las mataba, nunca más se verían de noche ni las nubes ni la luna.

Por suerte en ese momento pasaba un muchacho guaraní, y al verlas temblar, se preguntó si ellas correrían algún peligro. Al ver al tigre, el indígena lanzó dos flechas y el tigre cayó al suelo. Temiendo que las puertas del cielo se cerraran, las diosas desaparecieron sin decir una sola palabra.

Esa noche, mientras el indio dormía, vio en un sueño a la diosa Luna que le decía que si iba al sitio donde él había matado al tigre, encontraría una planta aromática con la cual podría hacer un té muy rico. Al día siguiente, el indígena fue al lugar indicado y encontró la primera planta de yerba mate. Si no fuera por el muchacho guaraní, nosotros no conoceríamos el mate que se toma en Argentina, Paraguay y Uruguay como símbolo de amistad y hospitalidad.

(adaptado de *Leyendas latinoamericanas*)

1. Si las diosas veían flores hermosas en la tierra, _____

_____

2. La diosa Nube y la diosa Luna sabían muy bien que si se demoraban mucho recogiendo flores,

_____

3. Mientras decidían si debían seguir cortando flores o volver al cielo, _____

_____

4. Esa noche, mientras el muchacho guaraní dormía tranquilamente, la diosa Luna apareció en su sueño y le dijo que si iba al sitio donde había matado al tigre, _____

_____

5. Si no fuera por el indio guaraní, hoy día nosotros no _____

_____

6. Si tú fueras el muchacho guaraní que mató al tigre, ¿harías lo mismo que él? ¿Por qué?

_____

7. Si fueras a Argentina algún día y te ofrecieran mate, ¿lo tomarías o lo rechazarías?

_____

EL PRESENTE PERFECTO DEL SUBJUNTIVO

F. Dos días más. Los chicos ya han disfrutado de casi dos semanas de estudios en Argentina. Han visitado muchos lugares y aprendido mucho de la ecología del área. Pero, por suerte todavía les quedan dos días. Como ellos quieren aprovecharlos al máximo, Eva consulta con el guía para que le dé algunas sugerencias para todo el grupo. Según el contexto, completa el siguiente pasaje con el presente perfecto del indicativo o del subjuntivo.

Eva (un poco confundida):

Es increíble que nosotros _____ (ver) tantas cosas en tan pocos días, pero aún necesitamos algu-
          1
nas sugerencias para poder aprovechar estos últimos días. Personalmente, yo sé que no quiero quedarme más en la selva... me gustaría ver un poco de la civilización, si es posible. No hay nadie que

_____ (necesitar) una ducha fresca y una cama cómoda como yo.
     2

El guía (pensando en voz alta):

Hmmm... Me imagino que Uds. ya _____ (ver) mucha de la naturaleza argentina. Podrían hacer
                  3
una expedición a Buenos Aires si no lo _____ (hacer) ya. También me encantaría llevarlos de
                    4
excursión a la ciudad de Rosario si todavía no les _____ (hacer) la oferta. ¡Piénsenlo bien y dígan-
                      5
me qué quieren hacer cuando lo _____ (decidir)!
              6

EXPRESIONES AFIRMATIVAS Y NEGATIVAS

G. Una visita a Buenos Aires. El grupo de estudiantes ha decidido ir a Buenos Aires para pasar sus últimos dos días en Argentina. Quieren salir por la noche y disfrutar de la vida nocturna de la ciudad cosmopolita, pero no se pueden poner de acuerdo para decidir a qué lugar ir. Completa el siguiente diálogo con la palabra adecuada de la lista.

algo / nada   alguien / nadie
algún (o / a) / ningún (o / a)   siempre / nunca
también / tampoco

Eva: ¡Miren, chicos! Aquí hay una discoteca para bailar salsa, merengue, rumba, samba y lambada.

JAIME: Yo no quiero ir. A mí no me gusta ese tipo de música.

EVA: ¡Eres un aburrido! Tú _____1_____ quieres ir a una discoteca. Sólo te gusta ir al cine o a la biblioteca.

JOSÉ: ¡Sí, sí! ¡Eva tiene razón! Yo _____2_____ pienso que eres un aburrido. Casi _____3_____ pones excusas para no salir por la noche y no ir con nosotros a las discotecas.

JAIME: Hay diferentes formas de pasarlo bien aquí en Argentina. Yo _____4_____ les pregunto si desean ir conmigo al cine. Siempre voy solo y _____5_____ va conmigo.

EVA: ¡No estoy de acuerdo contigo! Cuando vas a ver _____6_____ película interesante, yo siempre voy contigo.

JOSÉ: Está bien, está bien. No discutamos. Estábamos hablando de ir a bailar salsa y merengue esta noche.

JAIME: ¿No hay _____7_____ más interesante para hacer?

EVA: ¿Hay _____8_____ que te guste hacer?

JAIME: No seas irónica. Bueno. Creo que tengo que confesarles _____9_____.

JOSÉ: Cuéntanos. Ya sabes que no tenemos _____10_____ secreto entre nosotros.

JAIME: No quiero ir a bailar porque no sé bailar.

EVA: ¡No importa! Yo _____11_____ sé bailar pero me da igual. No tengo _____12_____ sentido del ridículo. Y si _____13_____ se ríe cuando bailo, simplemente no le hago caso.

JAIME: Está bien. Me han convencido. No me iré de Buenos Aires sin bailar salsa, merengue, rumba y lambada.

H. ¡Y ahora te toca a ti! Contesta las preguntas siguientes.

1. ¿Has bailado alguna vez salsa, merengue, rumba o lambada? ¿Cuándo?

_____

_____

_____

2. ¿Siempre bailas cuando vas a las discotecas? ¿O nunca bailas y prefieres quedarte en la barra?

_____

_____

_____

3. ¿Conoces a alguien que sepa bailar muy bien estos bailes latinos? ¿Querrías aprenderlos algún día?

_____

_____

_____

LA VOZ PASIVA CON *SER*

I. La politica. Antes de irse de Argentina, Jaime decide escribirle una carta a su tío Eduardo, un gran aficionado de la política. Las siguientes oraciones forman parte de la carta de Jaime. Pon cada una de las siguientes oraciones en la voz pasiva.

Ejemplo: Los partidos políticos firmarán un convenio.
Un convenio será firmado por los partidos políticos.

1. El gobierno impuso el orden.

   _____

   _____

2. El gabinete apoyó al presidente.

   _____

   _____

3. El pueblo eligió a los representantes.

   _____

   _____

4. La Cámara de Senadores aprobó las leyes.

   _____

   _____

5. Los dirigentes sindicales agitan a los trabajadores.

   _____

   _____

6. El sindicato declarará una huelga general.

   _____

   _____

¡OJO CON ESTAS PALABRAS!

J. **De excursión en Puerto Rico.** Jaime y Eva se han hecho novios durante el viaje. Jaime está muy nervioso porque va a conocer a las tías de Eva. Todos juntos se van a ir de excursión a Ponce y Jaime quiere que todo salga bien. Completa el siguiente diálogo entre Jaime y su hermano Rodrigo con la forma adecuada del verbo **quedar**.

quedar	quedarse
quedar en (¿en qué?)	quedar mal con
quedarle (a uno)	

RODRIGO: ¡Oye Jaime! Se te ve tan enamorado. ¿_____ con la chica de
tus sueños?

JAIME: ¿Con Eva? Pues tengo una cita con ella a las dos de la tarde. Nosotros
_____ ir a Ponce con sus tías, pero tengo un problema serio.
No sé exactamente dónde _____ la carretera que va allí.
¿Tendrías tú un mapa?

RODRIGO: Sí, sí, claro. Por mi hermanito, cualquier cosa.

JAIME: La mamá y las tías de Eva son encantadoras. Me tratan como si fuera su hijo. Además es
una familia muy tradicional y no quiero _____ Eva, ahora
que van tan bien las cosas y ya pensamos en casarnos.

RODRIGO: Ya veo. Pero no te preocupes. Estás muy guapo; la ropa que llevas _____
muy bien. Pero será mejor que te des prisa. Si tú _____
hablando conmigo, vas a llegar tarde y entonces sí que vas a _____
Eva y con toda su familia.

JAIME: ¡Tienes razón! Me tengo que ir corriendo porque sólo _____
quince minutos para pasar a buscarlas con el coche. ¡Adiós!

RODRIGO: ¡Adiós, hermanito! ¡Ah, y mucha suerte!

K. **El nuevo día.** Lee el siguiente artículo y contesta las preguntas.

EL PERIÓDICO UNIVERSITARIO DE HORIZONTES

Cerebros que se van *Por Gladys Nievas Ramírez*

EL NUEVO DÍA

MAYAGÜEZ — Puerto Rico cuenta desde ayer con 1.880 profesionales nuevos, aunque gran parte de ellos, especialmente los nuevos ingenieros, se llevarán los conocimientos recién adquiridos a los Estados Unidos.

Durante la octagésima colación de grados, que se efectuó ayer en el coliseo Rafael A. Mangual, el Recinto Universitario de Mayagüez (RUM) concedió diplomas a 646 ingenieros, 641 de la Facultad de Artes y Ciencias, 294 de Administración de Empresas y 111 de Ciencias Agrícolas.

También otorgó 184 grados de maestría y cuatro doctorados en ciencias marinas.

El 46% de la clase del año 2000 pertenece al cuadro de honor y el 52% del total fue de mujeres. Estas acapararon gran parte de los premios otorgados por promedio.

El Premio Luis Stefani Raffucci, galardón máximo del recinto que se otorga al estudiante de bachillerato con un promedio de 4.0, fue concedido a tres mujeres: María de las Mercedes Martínez Iñesta, de Ingeniería, y María Belén Villar Prados y Carmen Ana Pérez Montalvo, de Artes y Ciencias. La clase graduada también fue presidida por la joven Cianella I. Rodríguez.

La colación de grados de este año se llevó a cabo en dos sesiones: por la mañana se graduaron los estudiantes de Ingeniería y Ciencias Agrícolas y por la tarde los de Administración de Empresas y Artes y Ciencias.

La clase de 1950, que conmemora su aniversario de oro, apadrinó la clase del 2000 y se sentó en primera fila.

"El pueblo de Puerto Rico aguarda con entusiasmo y esperanza la contribución que cada uno de Uds. pueda hacer para el bienestar económico y social del país", expresó la rectora Zulma R. Toro durante la ceremonia de la mañana.

Destacó que a esta primera clase graduada del siglo XXI le tocará aportar sus conocimientos tecnológicos para el desarrollo de Puerto Rico sin olvidar los aspectos sociológicos.

La decana de Estudiantes, la doctora Diana Rodríguez Vega, quien sirvió de maestra de ceremonias, exhortó a los graduados a abrir un diálogo transparente en Puerto Rico y a rechazar los prejuicios en contra de la mujer.

"Ahora en el año 2000, que se escuche en todas las esferas del mundo profesional que los graduados del Recinto Universitario de Mayagüez están haciendo cambios positivos", afirmó Rodríguez.

1. ¿Cuál es el problema del que se habla en el artículo?

_____

_____

_____

2. ¿Cuáles son los requisitos para ganar el Premio Luis Stefani Raffucci? ¿A quién(es) se le(s) dio?

_____

_____

_____

3. ¿Qué porcentaje de los estudiantes que se graduaron eran hombres? ¿Te sorprende? ¿Por qué?

_____

_____

_____

4. ¿Por qué se espera que los estudiantes se queden en Puerto Rico después de graduarse?

_____

_____

_____

L. Preguntas personales. Contesta las siguientes preguntas.

1. ¿Piensas que Puerto Rico debe hacerse un estado de los Estados Unidos, independizarse o mantenerse como un Estado Libre Asociado? ¿Por qué?

_____

_____

_____

2. De todos los países hispanoamericanos, ¿cuál te atrae más? ¿Podrías decir por qué?

_____

_____

_____

3. ¿Cuáles son algunos de los aspectos del mundo hispano que más te gustan?

_____

_____

_____

4. Si te ofrecieran una beca para ir a estudiar el próximo año a Puerto Rico, ¿lo harías? ¿Por qué?

_____

_____

_____

5. ¿Podrías escribir la capital de cinco países hispanoamericanos?

_____

_____

_____

6. ¿Podrías nombrar a tres gobernantes hispanoamericanos?

_____

_____

_____

Lección 9 *¡Hoy nos vamos de pachanga!*

VOCABULARIO PARA LA COMUNICACIÓN

A. Las fiestas. Empareja la tradicional costumbre de la columna A con el día festivo de la columna B.

	A	**B**
	Las costumbres	**Días festivos**
F 1.	Hacer nuevos propósitos	a. la Navidad
C 2.	Adornar las tumbas con flores	b. el Día de la Independencia
D 3.	Teñir los huevos	c. el Día de los Muertos
E 4.	Soplar las velas	d. la Pascua
B 5.	Saludar a la bandera	e. el cumpleaños
A 6.	Arreglar el Belén	f. el Año Nuevo

B. Noche de paz, noche de amor. En muchos países hispanos, los platos de pavo son tradicionales en las fiestas de Navidad. Estudia el siguiente dibujo y en un pequeño párrafo explica la tristeza de la pareja de pavos.

Ellos van a comidos para la Navidad.

_____
_____
_____
_____
_____
_____
_____
_____

C. ¡Y ahora te toca a ti! Contesta las preguntas siguientes.

1. ¿Qué son los villancicos y en que época se cantan?

   Los doce días de la Navidad.

2. ¿En qué grandes fiestas se come pavo en los Estados Unidos? Y el jamón, ¿lo comes en alguna fiesta familiar?

   El día de Acción de Gracias, y el jamón en la Navidad

3. Para tu familia, ¿cuáles son los platos típicos de las siguientes fiestas?

   El Día de la Independencia: _Barbeqoa_

   El Año Nuevo: _Pescado_

   El domingo de Pascua: _Heuvos_

   Tu cumpleaños: _el pastel_

ESTRUCTURAS

LOS USOS DEL INFINITIVO

D. Mompox y sus procesiones de Semana Santa. Se han celebrado las procesiones de Semana Santa en Mompox, Colombia desde antes de 1643. Son famosas porque son las únicas en el país que son marchadas (dos pasos adelante y uno hacia atrás). Completa las siguientes oraciones con la forma adecuada del verbo entre paréntesis.

1. Al _llegar_ (llegar) la Semana Santa, los ciudadanos de Mompox, Colombia _se preparan_ (prepararse) para _participar_ (participar) en las tradicionales procesiones de Semana Santa.

2. Hay que _reconocer_ (reconocer) que el gran espíritu de las ceremonias y el orgullo de su tradición antiquísima _____ (ser/estar) típicos de la gente momposina.

3. En las procesiones se _puede_ (poder) contemplar los pasos artísticamente arreglados y decorados y _notar_ (notar) la dedicación, fe y devoción que el pueblo trae a esta ceremonia religiosa.

4. _____ (Participar) en las preparaciones o simplemente _____ (recorrer) el centro de la ciudad para _____ (observar) las procesiones, para muchos, _____ (resultar) ser una gran experiencia.

LAS PREPOSICIONES *POR* Y *PARA*

E. La llegada de los Reyes Magos. El día 6 de enero se celebra en el mundo hispano la llegada de los tres Reyes Magos que, hace casi dos mil años, ofrecieron al Niño Jesús oro, incienso y mirra. En muchos países es en este día, y no en Navidad, cuando los niños reciben regalos. Echa un vistazo al artículo que se refiere a esta tradición y después completa con **por** o **para** las oraciones que siguen.

La Cabalgata anuncia hoy la mágica noche de Reyes

Sus Majestades desembarcarán en el puerto donostiarra a las cuatro y media de la tarde, recibirán las cartas y desfilarán a las siete y media. —Cuatro espectaculares carrozas formarán parte del séquito real que con más de 300 pajes recorrerá el centro de la ciudad

CARTAGENA DV
CORO AYCART

Llegó la víspera de tan esperada y mágica fecha de la llegada de los Reyes de Oriente. Los mismos que hace dos mil años ofrecieron al Niño Jesús oro, incienso y mirra, se acercarán hoy a Cartagena cargados de regalos y caramelos. Todo está preparado para que su llegada se convierta en una auténtica fiesta. La Cabalgata, plato fuerte de esta tarde, ultima sus preparativos. A partir de las cuatro y media los tres Magos y los niños se convierten en protagonistas de tan señalado día.

Tradiciones y creencias se aúnan en la celebración de esta tarde. A las cuatro y media está previsto que los Reyes Magos lleguen en su barca al dique exterior del puerto de Cartagena, donde serán recibidos por los niños congregados en el espigón. Minutos antes habrán recogido de la isla Providencia todos los regalos que allí tienen depositados. El Centro de Atracción y Turismo ha recomendado que las barcas particulares salgan a recibir a los Magos, uniéndose a las que realizan los viajes a la isla, que serán utilizados por el propio CAT.

Tras un breve saludo, serán recibidos por el alcalde de la ciudad quien agradecerá en nombre de todos la alegría que traen a los hogares.

Minutos después ocuparán sus tronos instalados en la terraza del Ayuntamiento para poder así entablar conversación con todos aquellos niños que deseen confiarles sus cartas rezagadas.

No sólo los niños acudirán a esta cita anual, también la Coral del Corazón de María ofrecerá a las seis y media un recital de canciones que ambientarán a los Magos durante su estancia en el Ayuntamiento.

Desfile de carrozas

Cuando los relojes apunten las siete y media de la noche, los Magos se dirigirán hacia sus carrozas para proceder al recorrido por las calles de la ciudad, acompañados de 300 pajes.

La carroza del rey Melchor es una fantasía sobre la Basílica de San Patricio

RECORRIDO DE LA CABALGATA

1.- Procedentes de alta mar llegan al Muelle
2.- Ayuntamiento
3.- Hernani
4.- Andía
5.- Miramar
6.- Urbieta
7.- Moraza
8.- Prim
9.- Bergara
10.- Idiáquez
11.- P. Guipúzcoa
12.- Legazpi
13.- Boulevard

La carroza de Melchor. (Foto Mikel)

■ De cinco a siete de la tarde los Reyes recibirán a los niños en la terraza del Ayuntamiento

■ Durante el recorrido lanzarán desde sus fantásticas carrozas más de 500 kilos de caramelos

de la Plaza Roja de Moscú, con balalaicas, torres y grandes cúpulas, destacando en ellas el color azul.

Mientras tanto, Gaspar viajará en una carroza que nos lleva hacia las tierras nevadas en donde un gran reno sube hacia las alturas arrastrando tras de él un gran trineo cargado de regalos y desde el cual rey saludará a los pequeños.

La tercera carroza del desfile es la del rey Baltasar, que nos sitúa en su palacio. Se compone de dos grandes torres rosadas rodeadas de una pequeña muralla y en la parte delantera el gran trono decorado con perlas.

Por último, los niños y mayores congregados esta tarde para presenciar la tradicional Cabalgata de Cartagena, podrán admirar la carroza más grande que es aquella destinada a la representación de un Nacimiento viviente. La Virgen, San José y el Niño irán montados sobre una fantasía marina con una gran embarcación sobre olas. También contará con grandes estrellas y un grupo de pequeños angelitos de carne y hueso.

Pero además, en la víspera del día de Reyes participarán más de 300 pajes. El tren txu-txu, rebaños de ovejas, cabras, vacas y mulos cargados de regalos realzarán la larga compañía real que en su lento desfilar lanzará a los ilusionados espectadores más de 500 kilos de caramelos. La Guardia Municipal vestida de gala, los caballitos de Igueldo, los gaiteros de Estella, el grupo de danzas Gastetxo y las fanfarres Fau Txori, los Pomposos y Tirritarra y Kilikariak formarán también parte de este mágico séquito real venido del más lejano Oriente.

Medidas de tráfico

Además de la colocación de 1.500 sillas de uso gratuito a lo largo del recorrido, los servicios municipales han previsto también algunas medidas para regular el tráfico en el centro de la ciudad.

El acceso al puerto se cortará sobre las cuatro de la tarde, por lo que todos los que aparquen en esta zona con anterioridad tendrán dificultad para sacar sus vehículos.

Por otro lado, el cierre del Boulevard se efectuará sobre las seis y siete de la noche, mientras que el cierre del tráfico del circuito se efectuará sobre las siete de la noche y no se podrá acceder al cuadrado formado por Easo, Plaza del Centenario, Prim, Vergara, Idiáquez, plaza de Guipúzcoa y Legazpi.

Se recomienda el acceso al Antiguo por la Variante, a Ayete por el alto de Errondo. Los viajes a Amara y Gros y viceversa se deben realizar por el paseo del Urumea y Árbol de Gernika.

Epifanía en la Catedral

Mañana domingo, solemnidad de la Epifanía del Señor, se celebrará en la Catedral del Buen Pastor a las 10 de la mañana la Misa solemne conventual, en la que se cantará la "Kalenda" o anuncio oficial de las principales fiestas religiosas del año nuevo.

El Coro del Buen Pastor interpretará, bajo la dirección del maestro de Capilla José María Zapirain, con la colaboración del organista titular Manuel Zubillaga, partituras de Reading, Réfice, Garbizu, Donostia, Urteaga y canto gregoriano, alternando con los asistentes en participación activa al acto litúrgico. Al final de la Misa se cantará el tradicional villancico "Mesías" de Bartolomé Ercilla.

Visitas a niños sin hogar

Además, los reyes Magos han hecho llegar su deseo de permanecer también el domingo en Cartagena. Cuando todos, pequeños y grandes, estén disfrutando de los regalos y roscones, los Magos se dedicarán a visitar a los niños sin hogar de Mundo Futuro, la Guardería Roteta y el colegio San José de la Montaña, donde también harán entrega de obsequios. De esta forma se eliminará el sorteo de regalos de la víspera en Alder-di-Eder.

En cualquier caso, las navidades terminan con alegría. En medio de las sorpresas, las ilusiones y los regalos, los niños y los no tan niños reviven hoy una de las noches más fantásticas del año. Sólo falta poner el zapato.

---

1. Esta tarde los Reyes Magos, Melchor, Gaspar y Baltasar, llegarán desde el Oriente _por / para_ dejarles regalos a los niños.

2. _Para_ la mayoría de los niños, la llegada de los Reyes es un momento muy emocionante.

3. En la ciudad colombiana de Cartagena, habrá un desfile _para_ celebrar su llegada.

4. Los Reyes tendrán más de 500 kilos de caramelos y 80 regalos _para_ el público, y _por_ lo tanto todos los niños presentes recibirán algo.

5. Este acto ha sido organizado totalmente _por_ grupos socioculturales.

6. _Por_ muchas semanas se ha venido planeando este evento, y hoy, la víspera de Reyes, está _por_ realizarse.

7. A las siete y media de la noche, los Reyes se dirigirán hacia sus carrozas (*parade floats*) *para* comenzar el desfile.

8. Las carrozas desfilarán _____ las calles de la ciudad.

9. La cabalgata primero pasará _____ el Ayuntamiento antes de doblar _____ la avenida Libertad.

10. Habrá 1.500 sillas de uso gratuito _____ los espectadores.

11. El domingo los Reyes Magos serán recibidos _____ los niños. Los más pequeños los tomarán _____ verdaderos reyes.

12. Como portavoz de la ciudad, el alcalde hablará _____ agradecerles a los Reyes _____ traer la alegría y la felicidad a los hogares.

F. **¡Ahora te toca a ti escribirles a los Reyes Magos!** Las Oficinas de Correos de algunos países hispanos reciben cada año, durante las semanas antes de la Navidad, miles y miles de cartas dirigidas a los Reyes Magos. Los remitentes, los niños, escriben sus cartas a los Reyes Magos para agradecerles por los regalos del año anterior y para pedirles muchos y nuevos regalos por ser buenos niños. Escribe ahora tu carta a los Reyes Magos.

Queridos Reyes Magos:

La Navidad va a llegar pronto. El 6 de enero Uds. vendrán, como todos los años. Les escribo estas líneas

_____ (por/para)
　　　1

_____

_____

_____

Una vez más quiero agradecerles _____ (por/para)
　　　　　　　　　　　　　　　　　　2

_____

_____

_____

Imagino que, como todos los años, el 6 de enero Uds. vendrán _____ (por/para) la
　　　　　　　　　　　　　　　　　　　　　　　　　　3

noche, vendrán _____ (por/para) trineo y entrarán en mi casa
　　　　　　　　　4

_____ (por/para) la chimenea. No se preocupen _____ (por/para)
　　5　　　　　　　　　　　　　　　　　　　　　　　6

_____

_____

_____

Quiero hacerles un cambio. Yo ya estoy cansado(a) de mis viejos juguetes. Les dejaré junto a la chimenea una caja con esos juguetes, _____ (por/para) que se los den a otros niños. Y se
7
los cambio _____ (por/para)
8

_____

_____

_____

Quiero pedirles las siguientes cosas, _____ (por/para) haber sido buen(a) chico(a)
9
durante todo este año pasado:

_____

_____

_____

OTRAS PREPOSICIONES

G. Fiestas y festivales durante la Semana Internacional de Jazz y la Semana Internacional del Teatro para Niños en Colombia. Para el que le guste viajar y le gusten los festivales, estos festivales de jazz y de teatro para niños le ofrecen unas vacaciones increíbles. Completa las frases que aparecen a continuación con las preposiciones **bajo, desde, hasta, entre, para, por, sobre o sin.**

- **En Bogotá**, y empezando _____ la capital colombiana, la compañía de danza dirigida
1
_____ el famoso bailarín Mijail Baryshnikov, actuará _____ los días 8 y 11 de noviem-
2   3
bre en el Teatro Colón de Bogotá. _____ duda, Baryshnikov y su compañía de danza "White
4
Oak Dance Project" tienen fama mundial y, en los últimos dos años, se han escrito cientos de
artículos buenos _____ el grupo.
5

- **En Barranquilla**, al norte de Colombia, la Nederlands dans Theater, una famosísima compañía
de danza contemporánea, visita esta semana el Palacio de Festivales de Barranquilla. _____
6
la dirección y coordinación del bailarín más famoso del mundo, la compañía ofrecerá un espectáculo con coreografías creadas exclusivamente _____ ellos, _____ coreógrafos de
7   8
reconocida fama mundial. Las representaciones tendrán lugar los días 10 y 11 de noviembre,
_____ las diez y media de la noche _____ las doce.
9   10

- **Cali** es una ciudad que está _____ Bogotá y el océano Pacífico. _____ la gente de
11   12
Cali, hay un gran amor por el teatro; _____ todo, por el teatro para niños. _____ eso,
13   14
todos los años muchos grupos de teatro viajan _____ diferentes países latinoamericanos para
15
representar sus obras en Cali. Las entradas para el teatro siempre se venden _____ muy tem-
16
prano; y los actores aman al público. El 10 de noviembre, la obra *El pincel* será representada
_____ el grupo belga Teatre de la Guimbarde. La obra durará _____ las siete de la
17   18
noche _____ las diez de la noche.
19

- **En Popayán** se ha celebrado el Festival Internacional de Jazz de Noviembre _____ 1975.
20

Este año vendrán intérpretes tan carismáticos como Joe Henderson, Jimi Scott y _____ el
21

mismísimo Tete Montoliú. _____ el 1 y el 30 de noviembre, cientos de músicos de jazz des-
22

filarán _____ el escenario y _____ el techo de la Sala Multiusos del Auditorio. Todos
23   24

los conciertos comenzarán, _____ excepción, a las diez de la noche y durarán _____
25   26

la una de la madrugada, más o menos.

- **En Medellín**, _____ último, la obra de Albert Camus *Calígula* será interpretada
27

_____ la dirección de José Tamayo _____ la Compañía del Teatro de Bellas Artes de
28   29

Medellín. Los críticos de teatro locales han publicado muchos artículos _____ esta com-
30

pañía durante el pasado mes. En general, las críticas son buenas y, _____ duda, los jóvenes
31

actores tendrán mucho éxito _____ el público de la ciudad.
32

H. **¡Ahora te toca a ti ser guía turístico y cultural!** Imagina que un(a) amigo(a) tuyo ha venido a visi-
tarte y desea acudir a tres eventos culturales y tradicionales de tu país, estado o región. ¿A qué
fiesta le llevarías? ¿A qué carnavales? ¿A qué celebración sociocultural? Diseña para él o ella un
mapa cultural, apuntando los lugares en los que dichos acontecimientos se celebran, y descri-
biendo esos acontecimientos. Responde en cada caso a las siguientes preguntas.

—¿Dónde se celebra? ¿Entre qué ciudades está ese lugar?

—¿Cuándo se celebra? ¿Desde qué día hasta qué día se celebra? ¿Desde qué hora hasta qué hora?

—¿Para qué se organiza ese evento? ¿Qué se celebra?

—¿Qué piensas sobre esa celebración?

—¿Qué es, sin duda, lo más importante que se celebra en ese evento?

FIESTAS

ROMERÍAS

FERIAS Y FESTEJOS
GASTRONÓMICOS

CELEBRACIONES
SOCIOCULTURALES

MANIFESTACIONES
DEPORTIVAS

FESTEJOS VINÍCOLAS

CURROS

CARNAVALES

FERIAS DE GANADO

ROMERÍAS MARÍTIMAS

FESTIVALES FOLKLÓRICOS

1. _____
   _____
   _____

2. _____
   _____
   _____

3. _____
   _____
   _____

LOS DIMINUTIVOS Y LOS AUMENTATIVOS

I. **¡Amorcito, ven aquí un momentito!** En el mundo hispánico, sabemos que el uso del diminutivo y del aumentativo es muy común, sobre todo en el ambiente familiar. Chris y Margarita son novios. Sus mejores amigos son de Colombia y por eso se han acostumbrado a utilizar el diminutivo y aumentativo para todo. En una sola conversación de cinco minutos, Margarita y Chris han usado ocho aumentativos o diminutivos. ¿Qué quieren decir? Empareja el diminutivo o el aumentativo de la columna A con una de las definiciones de la columna B.

A	B
_____ 1. pajarito	a. una silla cómoda y amplia
_____ 2. casona	b. una vivienda pequeña
_____ 3. palabrota	c. un ave pequeña
_____ 4. cuartucho	d. una habitación miserable
_____ 5. chiquillo	e. una mala palabra
_____ 6. riachuelo	f. una vivienda muy grande
_____ 7. casita	g. un muchacho muy joven
_____ 8. sillón	h. una pequeña corriente de agua

J. **Chris y Margarita planean su viaje a Bogotá para pasar las Navidades.** Chris le explica a Margarita cómo son los pueblos cerca de la capital colombiana, cómo son las casas, los habitantes. También hablan de los juguetes que van a llevar para sus sobrinos de Colombia. Usando el aumentativo o el diminutivo, según el caso. ¿Cómo diría Chris lo siguiente?

1. Un pueblo pequeño y encantador es un _____.

2. Si algo está muy, pero muy cerca, decimos que está _____.

3. Un hombre grande y musculoso es un _____.

4. Una casa pequeña, sucia y mal cuidada es una _____.

5. Un tren de juguete es un _____.

6. Los ojos grandes y hermosos de un niño son unos _____.

¡OJO CON ESTAS PALABRAS!

K. La bajada del Celedón. Antonio Saavedra cuenta la siguiente anécdota sobre una fiesta única que se celebra en su ciudad natal de Vitoria. Complétala con las palabras apropiadas de la lista.

aparición	apariencia	echar de menos (extrañar)	fecha	dátil
aspecto	perder	cita	añorar	

Llevo muchos años viviendo en Estados Unidos, y aunque estoy acostumbrado a vivir aquí, _____ a mi familia y _____ el ambiente alegre tan característico de las épocas de fiestas de mi ciudad. Este verano he decidido volver a Vitoria porque no quiero _____ la celebración de La bajada del Celedón.

La _____ del inicio de esta fiesta es el 4 de agosto, y a las seis menos cuarto miles de personas se reúnen en la plaza de la ciudad para ver deslizarse por un cable al muñeco Celedón. Este cable une la punta de la catedral con la terraza de la casa que está exactamente enfrente de la catedral, pero al otro lado de la iglesia. Los fotógrafos se suben a las farolas y a las estatuas para ver mejor al muñeco Celedón. Al llegar a la terraza, entra y sale otra vez, pero esta vez en forma de persona. Todos gritan ¡Viva Vitoria! Y el Celedón grita, ¡Vivan las fiestas!

Recuerdo la primera vez que vi este espectáculo. Tenía cuatro años, y al ver al muñeco Celedón pensé que era una _____ algo espantosa, y confieso que sentí una mezcla de miedo y confusión. Su
₅
_____ era cómico y extraño a la vez. Más tarde, cuanto ya era adolescente, tuve una _____ con
₆   ₇
Alicia, el amor de mi vida, y la llevé a ver deslizarse por el cable al famoso Celedón. Este verano espero revivir estos recuerdos especiales de mi juventud en Vitoria.

AMPLIACIÓN Y CONVERSACIÓN

L. El Carnaval. Lee el artículo siguiente y contesta las preguntas.

EL PERIÓDICO UNIVERSITARIO DE HORIZONTES

El Carnaval de Barranquilla, Colombia

De boca en boca, han circulado diversas historias referentes a la manera como el pueblo barranquillero festejaba el Carnaval. Su forma siempre ingenua, graciosa, festiva y ante todo, sana, ha permitido que se conserve como una tradición que se remonta a hace tres siglos.

Las fiestas de Carnaval, de origen europeo, fueron introducidas en América por los españoles y los portugueses. Las de Barranquilla tienen antecedentes próximos en la celebración de las fiestas que se efectuaban en Cartagena de Indias, en época de la Colonia, como fiesta de esclavos. Por esas fechas aparecían por las calles los negros con instrumentos típicos y atuendos especiales, danzando y cantando.

La tradicional novena de La Candelaria, en Cartagena de Indias, sirvió de marco a suntuosos bailes. En el Siglo XVIII se les concedía un día de fiesta a los negros bozales traídos de África. Esas fiestas son la fuente de las principales danzas del Carnaval de Barranquilla.

En la segunda mitad del Siglo XIX, Baranquilla aumentó todos los sectores de su economía y explotó las condiciones geográficas que la empezaban a situar como ciudad principal en la región del Caribe. "La ventaja de estar en la desembocadura de la principal arteria fluvial de Colombia, el río Magdalena, la posibilita para ser un puerto fluvial y marítimo. Su situación en la zona norte de Colombia y en el área circuncaribe, le permite el desplazamiento económico de Cartagena, Mompox, Santa Marta y El Banco, siendo muchos de sus moradores los que vienen a participar de la prosperidad barranquillera", explica Roberto Castillejo en su obra *Carnaval en el Norte de Colombia*.

Históricamente no se tienen datos precisos acerca de la fecha inicial del primer Carnaval celebrado en Barranquilla; su tradición es tan remota como los primeros asentamientos humanos en la costa norte de Colombia. He aquí algunos datos:

1888 — Surgió una figura denominada Rey Momo (símbolo de la máscara).

1899 — Se creó el cargo de presidente del Carnaval y una Junta organizadora.

1903 — Se organizó la primera Batalla de Flores por una propuesta del señor Heriberto Vengoechea para recuperar una tradición carnavalesca de años anteriores.

1918 — Se eligió por primera vez una reina para presidir las festividades del Carnaval. Fue elegida Alicia Lafaurie Roncallo.

1923 — Se institucionalizó a partir de este año la era de los reinados, suspendida durante cinco años. Fue nombrada la damita Toña Vengoechea Vives.

1967 — Se introdujo un evento al Carnaval, la "Gran parada" que se lleva a cabo el segundo día de Carnaval (domingo).

1974 — Por iniciativa de Esther Forero se realizó la primera Guacherna, evento que rescató una tradición perdida: cumbiambas y tambores que en la noche alegraban los barrios de la ciudad.

1. ¿Dónde se originó el Carnaval?

_____

_____

2. ¿Por qué se asociaba el Carnaval de Cartagena de Indias con los esclavos?

_____

_____

3. ¿Por qué es Barranquilla un buen lugar para tener el Carnaval?

_____

_____

4. ¿Cuándo se creó una junta organizadora completa con un presidente para gobernar el Carnaval de Barranquilla?

_____

5. ¿Por qué es notable Alicia Lafaurie Roncallo?

_____

_____

6. ¿Cómo se llama el evento en que los tambores suenan por la noche en los barrios de la ciudad?

_____

_____

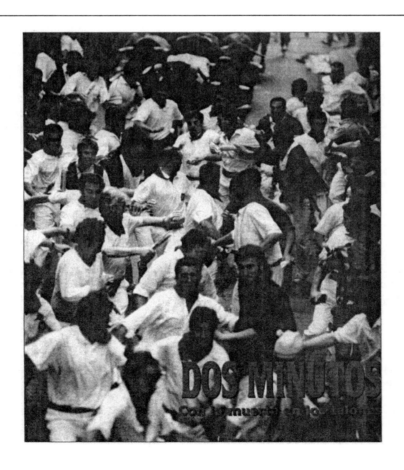

7. ¿Qué opinas de las fiestas, tradiciones o deportes en los que los participantes vienen de todas partes de la sociedad/comunidad?

_____

_____

_____

_____

8. ¿Participarías tú en el Carnaval? ¿En qué tipos de actividades? ¿En cuáles no te gustaría participar? ¿Por qué?

_____

_____

_____

_____

M. Preguntas personales. Contesta las siguientes preguntas.

1. ¿Cómo celebraste tu último cumpleaños?

_____

_____

_____

2. ¿Cuáles fueron los dos propósitos más importantes que hiciste en Año Nuevo?

_____

_____

_____

3. ¿Qué días feriados celebra tu familia?

_____

_____

_____

4. ¿Has ido alguna vez a una feria de artesanías? ¿Qué artículos viste? ¿Qué compraste?

_____

_____

_____

5. ¿Cómo se celebra el 4 de julio en los Estados Unidos?

_____

_____

_____

6. ¿Cómo celebraste el día de San Valentín el año pasado?

_____

_____

_____

7. ¿Por qué son tan populares entre los niños las piñatas mexicanas?

_____

_____

_____

8. Los regalos tienen un lenguaje mudo y afectivo. ¿Qué significado tiene para ti si alguien te regala flores? ¿dinero? ¿un libro? ¿un fin de semana en la playa?

_____

_____

_____

Lección 10   ¿Cómo consigo la información?

VOCABULARIO PARA LA COMUNICACIÓN

A. Una obsesión cinematográfica. Completa el siguiente ejercicio con las palabras y frases siguientes.

interpretaba el papel	actor	cine
billetes	haciendo cola	personajes
en vivo	estrellas del cine	
películas	argumento	
teatro	estreno	

María Luisa está obsesionada con todo lo relacionado con el _____ y el escenario. En
un álbum guarda fotografías de sus _____ favoritas, junto con los fragmentos de los
_____ de todas las _____ que ha visto en los últimos diez años. María Luisa puede
describir perfectamente el _____ y conoce a todos los _____ de más de cien
películas.

Actualmente su _____ preferido es Antonio Banderas. ¡Lo admira tanto! La semana
pasada, durante una tempestad de lluvia torrencial, pasó horas _____ en el Cineplex San
Pedro para ver el _____ de *Once Upon a Time in Mexico* ¿Por qué hizo una tontería como
ésta? Porque Banderas _____ del protagonista, por supuesto. Para su cumpleaños su novio la
llevó a un _____ en una ciudad grande de Estados Unidos para ver a Banderas actuar
_____. ¡Fue increíble!

ESTRUCTURAS

EL GERUNDIO

B. Chismes en la noche radiofónica con la periodista Yolanda Flores. Yolanda Flores dirige el programa de noche "No es un sueño". Se emite cada madrugada, de 2 a 5h. Sus oyentes son personas que trabajan por la noche, personas con insomnio o simplemente personas a quienes les gusta escuchar los programas de radio nocturnos. Muchas veces, algunos oyentes llaman para contarle sus problemas, para desahogarse o para compartir chismes con los otros oyentes.

Completa la conversación de la página 146 entre la periodista y una oyente amante de los chismes. Termina las oraciones de una forma original. Puedes usar los verbos y expresiones que están a la derecha de la foto u otros que desees, siempre que estén en gerundio.

Ejemplo: Pues... el príncipe de Inglaterra siempre ha salido con muchas chicas y, ahora que está viudo, sigue... *saliendo con ellas, invitándolas a cenar al palacio y llevándolas a bailar.*

Si no quieres estar sólo en la madrugada, Yolanda Flores te hará compañía hasta el amanecer.

Cada madrugada, de 2 a 5h., **Yolanda Flores** presenta: **"No es un sueño"**. Un programa con música, entrevistas y toda la magia de la noche. Con la participación de los oyentes, que cuentan en directo sus vivencias, sensaciones y todo lo que su imaginación les sugiera.

RADIO 1 Rne.
La Radio de actualidad.

arder
besar(se)
contar
decir mentiras
emborracharse
enterarse de todo
escapar de
gritar
hablar mal de
hacer
insultar a
invitar a cenar
llamar por teléfono
llevar a cenar
molestar a
ponerse fuerte
posponer el proyecto
prometer
quejarse
salir con
tirar piedras
vivir feliz

YOLANDA: Buenas noches. Son las tres y media de la mañana. Ésta es la Radio Nacional y estamos retransmitiendo desde Bogotá para todos Uds. En estos momentos, está esperando una oyente para contarnos algunas cosas. —¿Sí? ¿Con quién tengo el gusto de hablar?

1. OYENTE: Buenas noches, a todos los oyentes. Me llamo Pepi y en estos momentos estoy preparando la comida para mañana y también estoy _____

_____.

YOLANDA: Muy bien. ¿Qué le parece si nos cuenta los últimos chismes que sabe?

2. OYENTE: Dicen que el cantante español Enrique Iglesias siempre llamaba por teléfono a su novia antes de cantar en un concierto y todavía sigue _____

_____.

3. OYENTE: Un jugador de los Lakers se fue de vacaciones con su novia uruguaya y todavía continúan

_____.

4. OYENTE: ¡Qué susto cuando el teatro se incendió mientras Antonio Banderas estaba actuando! Cuando llegaron los bomberos, lo vieron _____

_____.

5. OYENTE: Los guardaespaldas del presidente siempre van _____
_____.

6. OYENTE: Dicen que ese actor bebe demasiado porque siempre anda _____
_____.

7. OYENTE: El otro día Sean Penn estaba de visita en Honduras donde estaba _____
_____.

8. OYENTE: Y una periodista lo vio _____
_____.

C. Temas más polémicos en los programas de día. En el programa "Edición de Tarde", el periodista Antonio San José informa y hace comentarios sobre los asuntos más polémicos del momento. Termina sus afirmaciones o comentarios, utilizando el gerundio.

1. En estos momentos, los presidentes más importantes del mundo están _____
_____

2. El problema de la violencia continúa _____
_____

3. El terrorismo sigue _____
_____

4. Gracias a la televisión, cuando ocurre un accidente, telespectadores de todo el mundo ven a las víctimas desesperadas y _____

_____

EL FUTURO PERFECTO Y EL CONDICIONAL PERFECTO

D. Para el año 2025, ¿qué cambios habrá implantado la teleconferencia? Cuando Julio Verne anticipó el mundo del futuro en sus obras, no imaginó algo como la teleconferencia, sistema que consiste en mantener conferencias por televisión vía satélite. Actualmente muchas compañías la usan, y los altos directivos celebran reuniones sin estar físicamente juntos.

Completa con el futuro, o el futuro perfecto, algunas de las predicciones para el futuro y para el estado de este sistema en el año 2025.

1. La historia de la teleconferencia comienza con Jack Caldwell, un joven ejecutivo de la "Ford Corporation", a quien probablemente todo el mundo ya _____ (olvidar) para el año 2025. Caldwell quería mejorar los contactos entre los miembros de la gigantesca industria automovilística.

2. Caldwell, con la ayuda de ATT, "descubrió" la teleconferencia, y hoy en día todas las filiales de Ford tienen *"video rooms"*. También las tienen decenas de grandes corporaciones e importantes ministerios del gobierno norteamericano. Para el año 2025, centenas o miles de corporaciones _____ (instalar) ya sus equipos de teleconferencias y todas las reuniones _____ (celebrarse) sin contacto físico de los participantes.

3. Este sistema comenzó a explotarse comercialmente a partir de 1981. Poco a poco comenzaron a bajar los costos y se mejoró la calidad de la imagen. Para el año 2025, el precio ya _____ (reducirse) un 80% y la calidad de la imagen _____ (ser) similar a la imagen de televisión por cable.

4. Para el año 2025, la teleconferencia será un producto de uso masificado. Todas las familias ya _____ (comprar) un teleteléfono y en todas las casas _____ (haber) una cámara frente al teléfono para mandar la imagen de los hablantes.

5. Creo que incluso yo _____ (instalar) un teleteléfono en mi apartamento. Es seguro que para el año 2025 los teleteléfonos _____ (convertirse) en productos muy comunes y _____ (no haber) nadie sin teleteléfono.

6. Probablemente, con el uso de las teleconferencias, ya _____ (desaparecer) los edificios de la universidad. Los profesores _____ (dar) sus clases desde sus casas; y los estudiantes _____ (tomar apuntes) sin tener que ir a la universidad. Los teatros, los cines, las salas culturales, etcétera, _____ (cerrar) sus puertas, y todos los eventos culturales _____ (poder) verse desde casa.

7. Mi madre dice que para el año 2025, el mundo _____ (volverse loco) y que las personas _____ (olvidar) la importancia del contacto personal y físico.

E. Y, dejando de lado las teleconferencias, ¿qué habrás hecho tú para el año 2025?

1. ¿Te habrás casado para el año 2025? ¿Con quién?

_____

_____

_____

_____

_____

_____

2. ¿Te habrás convertido en una persona importante? ¿Por qué?

_____

_____

_____

_____

_____

_____

3. ¿Qué crees que no habrás hecho?

_____

_____

_____

_____

_____

_____

F. No todos los programas son aptos para niños. La semana pasada, hubo un ciclo de películas en Colombia. José Angel es amante del cine. Sin embargo, esta semana apenas ha podido ver la televisión, porque ha tenido que cuidar a su hermana Belén, que tiene seis añitos.

Completa la siguiente conversación entre José Ángel y su amigo Cecilio, que le ha llamado por teléfono para discutir los programas que han visto esta semana. Utiliza el condicional perfecto (y el pronombre adecuado) según el ejemplo.

Ejemplo: **¿Viste** la **película** *Terminator* en la televisión?
No, no la vi. *La habría visto*, pero tenía demasiada violencia para mi hermana y cambié de canal.

CECILIO: ¡Hola, José Ángel!

JOSÉ ÁNGEL: ¡Hola, Cecilio! ¡Qué sorpresa! No te he visto en toda la semana. ¿Dónde has estado?

CECILIO: He estado pegado a la televisión. Esta semana ha habido una programación estupenda.

JOSÉ ÁNGEL: Sí, ya sé. Pero he estado toda la semana cuidando a mi hermanita.

CECILIO: El lunes vi la película *El espíritu de la colmena* de Víctor Erice. **¿Viste tú esa película?**

JOSÉ ÁNGEL: No, no la vi. _____₁_____, pero en esa película sale Frankenstein y mi hermana le tiene miedo a Frankenstein. Cambié de canal.

CECILIO: El miércoles pusieron la película americana *Deliverance* con Burt Reynolds. **¿Te entretuvieron** mucho las aventuras del grupo de amigos en Georgia?

JOSÉ ÁNGEL: _____₂_____, pero no pude ver esa película porque en la crítica de la revista se decía que tenía imágenes de impacto. Mi hermana todavía es muy joven para ver imágenes impactantes.

CECILIO: El domingo pusieron *Los Teleñecos* (The Muppet Movie). Me imagino que esa película no era violenta para tu hermana. **¿Te reíste** mucho **con la rana Kermit y la cerdita Piggy?**

JOSÉ ÁNGEL: _____₃_____, pero tampoco pude ver esa película porque era a las 12:20 del día, y a esa hora mi hermana tiene que almorzar. Dicen que es malo que los niños coman mientras miran la televisión.

CECILIO: ¿Y qué tal la película *Sentido y Sensibilidad*? **¿Te gustó?**

JOSÉ ÁNGEL: _____₄_____, pero no pude verla. Era muy sentimental y mi hermana empezó a llorar. Tuve que apagar la televisión.

CECILIO: **¿Te asustó** la escena final de *Sospechosos habituales?*

JOSÉ ÁNGEL: _____₅_____, pero obviamente no pude ver esa película con mi hermana. Había demasiada sangre, disparos y violencia.

CECILIO: Ya entiendo. **Has estado** toda la semana **viendo programas deportivos** en la televisión.

JOSÉ ÁNGEL: _____₆_____, pero los psicólogos dicen que los programas deportivos son malos para los niños. Provocan el sentimiento de competitividad en el niño.

CECILIO: Entonces, ¿qué puede ver tu hermana? ¿Qué han visto Uds. dos en la televisión esta semana?

JOSÉ ÁNGEL: ¡Hemos visto lo que estaban viendo los 101 dálmatas!

EL PLUSCUAMPERFECTO DEL SUBJUNTIVO

G. Las leyendas del cine. ¿Qué hubiera pasado si... ? Completa las condicionales imposibles, según este modelo.

Ejemplo: James Dean murió en su Porsche a los veinticuatro años (1955). Si no..., ¿qué película habría hecho después de *Gigante?*
Si no hubiera muerto en su Porsche a los veinticuatro años, James Dean **habría protagonizado** *la película* Proposición indecente.

1. Elvis Presley murió joven. Si no..., ¿qué tipo de música habría cantado en los años 90?

   _____

   _____

2. Michael J. Fox se enfermó en 1991 y decidió jubilarse en 2000. Si no..., ¿hasta qué edad habría tenido éxito como actor?

   _____

   _____

3. Tom Hanks actuó en *Saving Private Ryan*, dirigido por Steven Spielberg. Si Tom Hanks no..., ¿quién habría sido el protagonista principal de esa película?

   _____

   _____

4. Charlie Chaplin vivió a principios del siglo XX. Si ... sino a fines del siglo XX, ¿qué comedias habría interpretado?

   _____

   _____

5. Fred Astaire no sabía bailar rap. Si..., ¿a qué grupo musical habría pertenecido hoy en día?

   _____

   _____

6. Frankenstein no existió de verdad. Si...,

   _____

   _____

7. Ben Affleck...

   _____

   _____

8. Jennifer López

   _____

   _____

LOS PRONOMBRES RELATIVOS

H. El cine español y los premios Goyas. Cada año la Academia de Artes y Ciencias Cinematográficas de España entrega los premios Goyas a los mejores artistas del año.

Completa las oraciones con el pronombre relativo **que** o **quien(es)**.

1. La entrega de premios _____ tuvo lugar en el Palacio de Congresos y Exposiciones de Madrid fue transmitida en directo por Televisión Española.

2. Las películas *Átame* y *¡Ay, Carmela!*, _____ tuvieron quince menciones cada una, fueron las películas favoritas para estos premios.

3. Pedro Almodóvar, _____ dirigió *Átame*, ya había ganado un Óscar por la mejor película extranjera con *Mujeres al borde de un ataque de nervios*.

4. Antonio Banderas, con _____ Pedro Almodóvar había trabajado mucho, fue mencionado como el mejor intérprete masculino.

5. Las actrices de _____ más se habló fueron Carmen Maura y Victoria Abril.

6. Otras películas _____ recibieron mención fueron *Las cartas de Alou, Lo más natural* y *A solas contigo*.

I. Multicines Ideal. Forma una sola oración, usando los relativos **que** o **quien**.

Ejemplo: A los jóvenes les gustan las películas. En las películas hay mucha acción.
             *A los jóvenes les gustan las películas **en las que** hay mucha acción.*

1. Multicines Ideal pasa las mejores películas. Multicines Ideal está en la Plaza de Benaventa.

   _____

   _____

   _____

2. *Las edades de Lulú* provocó gran polémica. *Las edades de Lulú* es bastante erótica.

   _____

   _____

   _____

3. Julia Roberts es la protagonista principal de *Línea Mortal*. Julia Roberts tuvo mucho éxito con la película *Pretty Woman*.

   _____

   _____

   _____

4. Carmen Maura es la protagonista principal en *¡Ay, Carmela!* El público admira a Carmen Maura.

   _____

   _____

   _____

5. Miguel Bosé es un cantante famoso. Miguel Bosé actúa en *Lo más natural*.

_____

_____

_____

_____

J. **Al ritmo del básquetbol (baloncesto).** Echa un vistazo al anuncio de Radio Popular COPE. Después, completa las ocho oraciones con el pronombre relativo **que, el que, lo que, la que, los que** o **las que.**

Al ritmo del basket

Todos los sábados a partir de las 6 de la tarde se pide "Tiempo Vivo" en la COPE. El ritmo de tu música preferida para que, a continuación, vivas en directo el gran baile de los gigantes. TIEMPO DE JUEGO BALONCESTO. Un equipo de altura capitaneados por el ala-pívot de la información deportiva AGUSTÍN CASTELLOTE. Las magistrales

asistencias de la gran revelación de esta temporada JUAN PABLO ORDUÑEZ. Y la magia americana de la NBA conducida por el espectacular MIGUEL ÁNGEL PANIAGUA.

COPE
rp
RADIO POPULAR

Sintoniza con la COPE.
Entran todas.

TIEMPO DE JUEGO
BALONCESTO
SÁBADOS A PARTIR DE LAS 17 HORAS

1. La emisora de radio COPE es _____ ofrece los juegos de baloncesto en directo.

2. De ahora en adelante, _____ no puedan asistir al juego en el estadio podrán escucharlo por radio.

3. _____ dice el anuncio es que los oyentes pueden escuchar canciones todos los sábados a partir de las seis, para que el "tiempo muerto" de los partidos sea un "tiempo vivo".

4. _____ mejor conoce la información deportiva es Agustín Castellote.

5. El locutor de radio _____ informa sobre la liga norteamericana NBA se llama Miguel Ángel Paniagua.

6. El baloncesto, _____ en Hispanoamérica se llama básquetbol, aumenta en popularidad año tras año.

7. Cada vez más el baloncesto recibe mayor atención por parte de los medios de comunicación, _____ agrada mucho a los aficionados.

8. Los jugadores norteamericanos, Magic Johnson y Michael Jordan, han sido _____ más fama tuvieron entre el público aficionado.

¡OJO CON ESTAS PALABRAS!

K. Barrido telefónico. ¿Te ha sucedido alguna vez que, mientras estás hablando por teléfono, tienes la impresión de que alguien está escuchando tu conversación? Existe un servicio de protección de llamadas telefónicas, como puedes ver en el siguiente anuncio.

Completa las oraciones con **pero, sino, sino que** o **sino también.**

1. Se supone que una conversación telefónica es privada _____ no siempre es el caso.

2. Hay personas que no sólo escuchan las conversaciones, _____ las graban.

3. Si éste es el caso, no debes preocuparte _____ debes llamar de inmediato a Barrido Telefónico.

4. Nosotros detectamos intercepciones no sólo en Honduras, _____ en el resto del mundo.

5. Puede ser que ya hayan escuchado tus conversaciones telefónicas _____ nunca es demasiado tarde para remediar los problemas.

6. No sólo ofrecemos este servicio de seguridad telefónica _____ otros. Llámanos hoy mismo.

AMPLIACIÓN Y CONVERSACIÓN

L. La prensa rosa. Lee el artículo y haz el proyecto.

La prensa rosa,
un fenómeno español con tres millones de
ejemplares semanales

A CORAZÓN ABIERTO

Son elemento de decoración indispensable de cualquier antedespacho que se precie. Su presencia es imprescindible en peluquerías y habitáculos de belleza femeninos. Son la «biblia» de las «marujas» y el soporte imprescindible de fantásticos sueños y terapias de consuelo. Mueven 10.000 millones de pesetas de publicidad al año, 13 millones de lectores y tres millones de ejemplares semanalmente. Sus páginas reflejan la risa y el llanto de la España conocida, no importa de qué. También asoman rostros internacionales, populares artistas y políticos. Tan sólo cinco publicaciones son culpables de todo ello y, aunque se las ha adjetivado mucho, únicamente les cuadra un calificativo: la prensa con cerebro. Y esto lo respalda el gran número de corazones de sus lectores y anunciantes, con unas cifras de infarto.

Las tres peculiaridades que la definen
TRIO DE CORAZONES, SU GRAN BAZA

Esta es una baza que no sólo califica a la prensa del corazón, sino que la distingue y define. Con estas tres «cartas», el sector ha superado sus bodas de oro y ha sobrevivido dentro de la profesión con una envidiable rentabilidad, a decir de otros sectores. Son tres adjetivos sustantivados que han logrado que este tipo de publicaciones consigan esas enormes tiradas y audiencias, y que Julio Bou, director de *Lecturas*, resume así:

■ **LA AMABILIDAD.** Una cualidad que se traslada desde la selección de noticias, al enjuiciamiento de los personajes y hechos, hasta la forma de tratarlas o ilustrarlas.

Cuando un famoso padece cáncer, siempre se verá publicado que tiene una penosa enfermedad y nunca se la nombra a ésta. Un titular jamás dirá que el personaje se ve hundido en la desesperación por la muerte de un hijo, sino que se habla de su vuelta al trabajo, tras el luctuoso suceso.

Buscan la mejor cara de la moneda y la ofrecen en sus páginas, porque «todo debe ser bonito y agradable, o casi todo».

Los lectores se sumergen en ese mundo ávidos de evasión y dispuestos a huir de las preocupaciones diarias», explica Bou. No pretenden más.

■ **LO GRAFICO.** Predomina la ilustración por encima del texto, unas cuatro veces más, claro que es preferible que sean instantáneas que muestren detalles de cómo viven los protagonistas o dónde pasaron los hechos, más que el retrato del mejor fotógrafo.

El lector se identifica con Sofía Loren y su cocina, al compartir el mismo electrodoméstico, o «copia» el modelo de Marta Chávarri que lució en una fiesta o imita la decoración del salón de Isabel Preysler. El caso es que de alguna forma el público se interesa por la foto.

Si las fotografías permiten, por un lado, la comprensión de un acontecimiento, sin obligarse a su lectura; por otro, hacen partícipes del espectáculo.

Casi se puede «vivir» una ceremonia, por ejemplo una boda, como si la lectora fuese un invitado más. «Podrá comentar el vestido de la novia, los diferentes modelos de los asistentes, el emplazamiento...» La revista estuvo allí y esto lo pone al alcance de su audiencia.

Por ello, una sola fotografía en color, por poner un ejemplo, del enlace del desaparecido magnate griego Onassis con Jacqueline Kennedy costó 100.000 pesetas de las de 1968.

■ **LA VERDAD.** Quizá un término sorprendente que, sin embargo, viene avalado por la publicidad, ya que la prensa del corazón constituye el sector de revistas de mayor volumen como soporte publicitario. «Es bien sabido —recalca Bou— que los anunciantes huyen de las publicaciones sensacionalistas y escandalosas. El anunciante de marca prestigiosa exige para su mensaje un entorno de veracidad.»

Uno de los más draconianos motivos que confirman la anterior característica es su propia condición gráfica, ya que, aunque se puede «refritar» una historia, no es posible inventarse las imágenes que la ilustran. Por lo menos esto es lo que dicen todos los que forman parte del equipo directivo de estos medios.

SUS CARACTERISTICAS

Publicación	Fec. nac.	Periodic.	Precio	Páginas
Lecturas	1921	Semanal	200 ptas.	152
Semana	1940	Semanal	200 ptas.	124
¡Hola!	1944	Semanal	200 ptas.	164
Diez Minutos	1951	Semanal	200 ptas.	164
Pronto	1972	Semanal	100 ptas.	97

Proyecto final: Elaboración en grupo de una revista del corazón

Este es el último ejercicio de tu *Manual de ejercicios*. Después de diez lecciones de práctica y trabajo, ¿crees que serías capaz de diseñar en español una revista del corazón con todas las noticias, chismes y asuntos que han ocurrido en tu clase de español este trimestre o semestre? Reúnete con algunos compañeros y organicen la revista:

- Noticias en portada
- Noticias de segundo grado
- Fotografías
- Número de páginas
- Color...

Usa una hoja de papel aparte.

M. Preguntas personales. Contesta las siguientes preguntas.

1. ¿Qué sección del periódico te gusta más? ¿Por qué?

_____

_____

_____

_____

2. ¿Has puesto alguna vez un anuncio en el periódico? ¿Con qué propósito?

_____

_____

_____

_____

3. ¿Cuál crees que fue el acontecimiento más grande del año?

_____

_____

_____

_____

4. ¿Qué películas están dando en los cines de tu barrio?

_____

_____

_____

_____

5. ¿Crees que la televisión debe educar o entretener a los televidentes? ¿Por qué?

_____

_____

_____

_____

6. ¿Cuáles son las características que más te gustan en un actor (una actriz) de cine?

_____

_____

_____

_____

7. Si hubieras sido actor (actriz) de cine, ¿a quién te habría gustado parecerte? ¿Por qué?

_____

_____

_____

_____

8. En tu opinión, ¿quiénes son las tres personas más famosas de la televisión? ¿Por qué?

_____

_____

_____

_____

Manual de laboratorio

Lección 1

I. FRAGMENTO DE UNA OBRA DE TEATRO

En la siguiente escena, Gregorio, un poeta muy simpático, le propone a su amigo Faustino un nuevo servicio telefónico.

LA FERIA
Manuel Méndez Ballester (Puerto Rico)

EJERCICIOS DE COMPRENSIÓN

A. Primera parte. Escuche las siguientes oraciones basadas en la primera parte de *La feria*. Después indique con un círculo si las afirmaciones están de acuerdo con la escena que ha escuchado. Cada oración se leerá dos veces.

1. Sí   No

2. Sí   No

3. Sí   No

4. Sí   No

B. Segunda parte. Escuche las siguientes oraciones basadas en la segunda parte de *La feria*. Después indique con un círculo si las afirmaciones están de acuerdo con la escena que ha escuchado. Cada oración se leerá dos veces.

1. Sí   No

2. Sí   No

3. Sí   No

4. Sí   No

C. ¿Qué piensa? Lea las siguientes preguntas basadas en *La feria*. Después contéstelas en el espacio indicado.

1. ¿Usaría Ud. el servicio de poemas por teléfono si se ofreciera en su ciudad? ¿Por qué sí? o ¿por qué no?

   _____

   _____

2. Lea el poema que recitó Gregorio sobre Nueva York:

Con mil muros° de concreto	*walls*
y ochenta lenguas de acero°	*steel*
poblaron los emigrantes	
la ciudad de rascacielos°.	*skyscrapers*
¡Ay cómo gritan las máquinas	
bajo la ciudad dormida!	

¡Ay cómo tiemblan los hombres
entre la jungla perdida!
¡Cómo sangran las gaviotas°   *How the gulls bleed*
contra las torres de acero!

¿Qué imágenes nota Ud.? Escriba una lista de cuatro o cinco imágenes del poema.

_____

_____

_____

3. Ahora escriba un poema similar sobre su ciudad o pueblo. Puede usar el poema de Gregorio
   como ejemplo o crear su propio poema.

_____

_____

_____

_____

_____

_____

II. PRONUNCIACIÓN

LA ENTONACIÓN

En español, el patrón básico de la entonación que corresponde a un grupo fónico comprende tres
etapas: comienza con un tono bajo, sube a un tono más alto que se mantiene hasta la última
sílaba acentuada y luego baja al tono inicial.

En las frases enunciativas y en las preguntas que piden información específica mediante
palabras interrogativas, se representa el patrón con entonación descendente.

Practique el patrón imitando la entonación que escucha.

No hay de qué.	¿Cuándo vuelves?
Buenas noches.	¿Qué tiempo hace?
Con permiso.	¿Cómo estás?
Hasta mañana.	¿Dónde trabajas?

* * *

Practique el patrón correspondiente a estas preguntas que se contestan con **sí** o **no**.

¿Es verdad?	¿Me traes el libro?
¿Acabas de volver?	¿Estás cansado?
¿Viste a Juan?	¿Quieres que te ayude?

* * *

Practique el patrón correspondiente a la exclamación.

¡Caramba!	¡No me digas!
¡Siéntate!	¡Quién fuera rico!
¡Qué curioso!	¡Que te diviertas!

* * *

En las frases de dos grupos fónicos, sólo el primer grupo tiene inflexión ascendente. Escuche y repita.

En aquella época / vivían muy felices.

Si tengo dinero / te lo compraré.

Éste es para mis padres / y el otro es para ti.

Cuando hay más de dos grupos fónicos en las frases enunciativas, los primeros grupos tienen inflexión ascendente mientras el último tiene inflexión descendente. Escuche y repita.

Cuando vuelvas esta tarde / no hagas ruido / si estoy durmiendo.

En su universidad / hay reuniones de estudiantes / casi todos los días.

Parece que estos estudiantes / no estudian español / sino inglés y portugués.

III. PRÁCTICA ORAL

A. LOS INTERROGATIVOS

Ud. oirá una oración. Haga la pregunta apropiada usando una palabra interrogativa. Después, escuche y repita la respuesta correcta.

Ejemplo: Ud. oirá: Vivo en Santa Cruz.
Pregunte Ud.: *¿Dónde vives?*

B. LOS EXCLAMATIVOS

Ud. oirá una oración. Modifíquela a una oración exclamativa usando **¡Qué!** o **¡Cómo!** Después, escuche y repita la exclamación correcta.

Ejemplo: Ud. oirá: Llegas tarde.
Diga Ud.: *¡Qué tarde llegas!*

C. EL ARTÍCULO DEFINIDO

Ud. oirá una oración. Con el sustantivo que sigue, modifique la oración según el ejemplo. Después, escuche y repita la respuesta correcta.

Ejemplo: Ud. oirá: Van a la iglesia. (cine)
Diga Ud.: *Van al cine.*

D. EL ARTÍCULO INDEFINIDO

Ud. oirá dos preguntas. Conteste con una sola oración usando el artículo indefinido si es necesario. Después, escuche y repita la respuesta correcta.

    Ejemplo: Ud. oirá: ¿Tienes familia?
                           Diga Ud.:   *Sí, tengo una familia grande.*

E. LOS ADJETIVOS

Ud. oirá una oración seguida de una pregunta. Conteste la pregunta usando la forma apropiada del adjetivo y el adverbio **también**. Después, escuche y repita la respuesta correcta.

    Ejemplo: Ud. oirá: Esos cuadernos son rojos. ¿Y la pluma?
                           Diga Ud.:   *La pluma es roja también.*

F. LOS DEMOSTRATIVOS

Ud. oirá las cinco preguntas que están en su manual. Si el demostrativo es un pronombre, ponga el acento en el lugar que corresponde.

1. —¿Puedo pasar?
   —Pase por *esta* puerta, no por *esa*.

2. —¿Cómo se llaman las chicas?
   —*Esta* chica se llama Lupita, *aquella*, Raquel.

3. —¿Va a comprar *esa* blusa blanca?
   —No. Prefiero *esta* o *aquella* porque son más elegantes.

4. —¿Qué opina del cuadro?
   —¿Cuál? ¿*Ese* o *aquel*?

5. —¿*Eso* es lo que has pedido?
   —No. Pero *esto* pasa siempre en los restaurantes. Te traen lo que no pides.

IV. COMPRENSIÓN AUDITIVA

A. LA MUCHACHA DE LA PELÍCULA

Ud. oirá algunas palabras y frases que aparecen en el siguiente relato. Repita cada una y lea su traducción al inglés. Ud. las necesitará para la comprensión de la historia.

    pasar la película   *to show the movie*
    recorrer casi todos los cines   *to go to almost all the movie theaters*
    el lago   *lake*
    atrasarse   *to be late*

¿Entiende Ud. el relato? Si no, vuelva a escucharlo antes de hacer el ejercicio de comprensión que sigue.

B. EJERCICIO DE COMPRENSIÓN

Ud. oirá la primera parte de una oración sobre el relato *La muchacha de la película* y tres terminaciones posibles. En su manual, indique con un círculo la terminación más lógica. La oración y las terminaciones se leerán dos veces.

1. a b c   4. a b c

2. a b c   5. a b c

3. a b c   6. a b c

Lección 2

I. FRAGMENTO DE UNA OBRA DE TEATRO

Ud. va a escuchar una escena de una obra de teatro que tiene lugar en el andén de una estación de tren. Don Justino y don Feliciano aparecen corriendo con dos enormes maletas.

VIAJEROS, AL TREN
C. B. Naulart

EJERCICIOS DE COMPRENSIÓN

A. Primera parte. Escuche las siguientes oraciones basadas en la primera parte de *Viajeros, al tren.* Después indique con un círculo si las afirmaciones están de acuerdo con la escena que ha escuchado. Cada oración se leerá dos veces.

1. Sí   No

2. Sí   No

3. Sí   No

4. Sí   No

B. Segunda parte. Escuche las siguientes oraciones basadas en la segunda parte de *Viajeros, al tren.* Después indique con un círculo si las afirmaciones están de acuerdo con la escena que ha escuchado. Cada oración se leerá dos veces.

1. Sí   No

2. Sí   No

3. Sí   No

4. Sí   No

C. ¿Qué piensa? Lea las siguientes preguntas basadas en *Viajeros, al tren.* Después contéstelas en el espacio indicado.

1. Qué refrán sería un equivalente en inglés al que dice Justino, "el que se levanta tarde no oye misa ni come carne?"

_____

_____

2. Si no fuera por el tren de las siete y media, ¿habría existido otras posibilidades para los dos señores? ¿Cuáles serían?

_____

_____

_____

3. ¿Cómo reaccionaría si esta situación le pasara a Ud.? ¿Actuaría como don Justino o como don Feliciano? ¿Por qué?

_____

_____

_____

II. PRONUNCIACIÓN

LAS VOCALES

Los cinco sonidos vocálicos en español son *a, e, i, o* y *u*. A diferencia del inglés, cada vocal tiene un solo sonido básico. Todas las vocales son de corta duración y tienen una articulación más tensa que en inglés. Es importante no cambiar la posición de los labios durante la pronunciación de las vocales para evitar la tendencia a diptongar las vocales acentuadas.

* * *

La *a* se pronuncia con la boca abierta en redondo. Escuche y contraste:

inglés	español
cap	capa
balloon	bala

Ahora, escuche y repita:

Ana	lana	caro	hasta mañana
ala	salsa	clima	Panamá
masa	sola	pluma	banana

* * *

La *e* se pronuncia con los labios en forma de óvalo horizontal. Escuche y contraste:

inglés	español
Kay	que
met	meta
baby	bebé

Ahora, escuche y repita:

ese	crema	sabe	emprender
entre	fecha	cena	envolver
Pepe	pague	meses	empezar

* * *

La *i* se pronuncia como la *e* pero con la boca más cerrada. Escuche y contraste:

inglés	español
sea	sí
pique	pica
lazy	casi

Ahora, escuche y repita:

niña	así	miga	hijita
Lima	rubí	finca	difícil
visa	vivir	piso	militar

La *o* se pronuncia con la boca en forma de **o**, con los labios más cerrados que para la *a*. Escuche y contraste:

inglés	**español**
no	no
pocket	poco

Ahora, escuche y repita:

oso	poco	vaso	oponer	como	cosa
ocho	loma	Paco	osado	peso	operación

* * *

La *u* se pronuncia como la **o**, pero con los labios aún más cerrados. Escuche y contraste:

inglés	**español**
Cuba	Cuba
sum	suma
loot	luto

Ahora, escuche y repita:

uno	fumo	subí	lúgubre	puma	puse
usa	luna	música	Uruguay	gusto	pulular

* * *

Ahora, practique las vocales:

laza	loza	reza	rusa	misa
lesa	luza	risa	mesa	moza
lisa	raza	rosa	mesa	musa

III. PRÁCTICA ORAL

A. LOS PRONOMBRES PERSONALES

Ud. oirá una pregunta. Contéstela afirmativamente usando el pronombre personal apropiado. Después, escuche y repita la respuesta correcta.

Ejemplo: Ud. oirá: ¿Quién es? ¿Juan?
Conteste Ud.: *Sí, es **él**.*

B. EL PRESENTE DEL INDICATIVO

Ud. oirá una pregunta en el presente. Conteste la oración. Después, escuche y repita la respuesta correcta.

Ejemplo: Ud. oirá: ¿A qué hora comienzas a trabajar? ¿A las ocho?
Conteste Ud.: *Sí, **comienzo** a trabajar a las ocho.*

C. EL FUTURO DEL INDICATIVO

Ud. oirá una pregunta. Conteste en forma negativa reemplazando **ir a** + **infinitivo** por el futuro. Después, escuche y repita la oración correcta.

Ejemplo: Ud. oirá: ¿Vas a llamar a la agencia de viajes?
Conteste Ud.: *No, no **llamaré** a la agencia de viajes.*

D. EL FUTURO PARA EXPRESAR CONJETURA EN EL PRESENTE

Ud. oirá una oración. Modifique la oración usando el verbo en el futuro para expresar posibilidad en el presente. Después, escuche y repita la oración correcta.

Ejemplo: Ud. oirá: Probablemente llegan en avión.
                    Diga Ud.:   *Llegarán en avión.*

E. LAS COMPARACIONES DE DESIGUALDAD

Ud. oirá una pregunta. Contéstela estableciendo una comparación de superioridad. Después, escuche y repita la respuesta correcta.

Ejemplo: Ud. oirá: ¿Es difícil subir y bajar la maleta?
                    Conteste Ud.:   *Es **más** difícil subir que bajar la maleta.*

F. LAS COMPARACIONES DE IGUALDAD

Ud. oirá dos oraciones. Combínelas y establezca una comparación de igualdad. Después, escuche y repita la respuesta correcta.

Ejemplo: Ud. oirá: Él viaja mucho. Yo también viajo mucho.
                    Diga Ud.:   *Él viaja **tanto como** yo.*

IV. COMPRENSIÓN AUDITIVA

A. EL PROBLEMA DE UNA TURISTA

Ud. oirá algunas palabras y frases que aparecen en el siguiente relato. Repita cada una de ellas y lea su traducción al inglés. Ud. las necesitará para la comprensión de la anécdota.

los calcetines   *socks*
el dependiente   *clerk, employee*
mover la cabeza   *to shake one's head*
un poco molesto   *somewhat annoyed*
¡Eso sí que es!   *That's it!*

B. EJERCICIO DE COMPRENSIÓN

Ud. oirá la primera parte de una oración sobre el relato *El problema de una turista* y tres terminaciones posibles. Indique con un círculo la terminación más lógica. La oración y las terminaciones se leerán dos veces.

1. a   b   c
2. a   b   c
3. a   b   c
4. a   b   c
5. a   b   c

Lección 3

I. OBRA DE TEATRO EN UN ACTO

Ud. va a escuchar una obra de teatro en la que don Armando habla con su hijo Pepe sobre sus estudios.

DON ARMANDO Y PEPE
Luisa Josefina Hernández (*México*)

EJERCICIOS DE COMPRENSIÓN

A. Primera parte. Escuche las siguientes oraciones basadas en la primera parte de *Don Armando y Pepe*. Después indique con un círculo si las afirmaciones están de acuerdo con la escena que ha escuchado. Cada oración se leerá dos veces.

1. Sí   No

2. Sí   No

3. Sí   No

4. Sí   No

B. Segunda parte. Escuche las siguientes oraciones basadas en la segunda parte de *Don Armando y Pepe*. Después indique con un círculo si las afirmaciones están de acuerdo con la escena que ha escuchado. Cada oración se leerá dos veces.

1. Sí   No

2. Sí   No

3. Sí   No

4. Sí   No

C. ¿Qué piensa? Lea las siguientes preguntas basadas en *Don Armando y Pepe*. Después contéstelas en el espacio indicado.

1. ¿Piensa Ud. que la relación entre don Armando y su hijo Pepe es diferente de lo normal? ¿O es común? ¿Por qué?

_____

_____

_____

2. ¿Tenía (o todavía tiene) Ud. una relación así con sus padres? Dé un ejemplo de cómo no lo/la entienden.

_____

_____

_____

3. ¿Cómo piensa Ud que la relación entre este padre e hijo pueda mejorarse? ¿Es la misma solución para todos los padres e hijos, en general?

_____

_____

_____

II. PRONUNCIACIÓN

LAS CONSONANTES *H, B, V* Y *P*

La *h* no se pronuncia en español. Escuche y contraste:

inglés	español
hole	hola
hospital	hospital

Ahora, escuche y repita:

hermana	helado	hecho
hilo	alcohol	hotel
hierro	hacha	enhorabuena

* * *

La *b* y la *v* se pronuncian igual en español. Hay, sin embargo, dos variantes del sonido:

Primero, cuando está en posición inicial o cuando va precedida de *m* o *n*.
Por ejemplo: ***bueno, votar, invitar***.
Segundo, en las otras posiciones. Por ejemplo: ***árbol, llevar***.

Escuche y contraste:

inglés	español
boy	voy
van	van

Escuche la pronunciación de la *b* y repita las siguientes palabras. La *b* (*v*) en posición inicial o después de *m* o *n*:

bota	beso	ambulante
baña	buzo	cambiar
viña	vaso	invento

Escuche y repita la *b* (*v*) en otras posiciones:

servir	pobre	jabón
lobo	Eva	nivel
leve	deber	uva

Escuche y repita las variantes en la misma palabra:

beber	babas	vivir
bobo	bebe	bárbaro

* * *

En español la *p* se pronuncia sin la gran explosión de aire característica de la pronunciación inglesa. Coloque un papel delante de los labios y practique las palabras que siguen. Al pronunciar la *p* española, el papel no debe moverse. Escuche y contraste:

inglés	español
pipe	pipa
papa	papá

Ahora, escuche y repita:

paso	poema
pena	puso
piña	pese
lápiz	papel
copa	apropiada
lupa	pupitre

* * *

Trabalenguas. Escuche el siguiente trabalenguas. Después, escúchelo de nuevo y repítalo, frase por frase. Finalmente, escúchelo una tercera vez y repítalo en su totalidad.

Paco Peco, chico rico, insultaba como un loco a su tío Federico, y éste dijo: Poco a poco, Paco Peco, poco pico.

III. PRÁCTICA ORAL

A. LOS VERBOS REFLEXIVOS

Ud. oirá una pregunta. Contéstela afirmativamente. Después, escuche y repita la respuesta correcta.

Ejemplo: Ud. oirá: ¿Dónde se sienta Ud.? ¿Frente a la pizarra?
Diga Ud.: *Sí,* **me siento** *frente a la pizarra.*

B. SER Y ESTAR

Con los elementos dados, forme una pregunta usando el verbo **ser** o **estar**. Después, escuche y repita la respuesta correcta.

Ejemplo: Ud. oirá: ¿De María? ¿Este libro?
Diga Ud.: **Es de María este libro.**

C. ESTAR + GERUNDIO

Conteste las preguntas, según las indicaciones, usando el presente de **estar** + *gerundio*. Después, escuche y repita la respuesta correcta.

Ejemplo: Ud. oirá: ¿Dices la verdad?
Diga Ud.: *Sí,* **estoy diciendo** *la verdad.*

D. *ESTAR* + PARTICIPIO PASADO

Ud. oirá una oración. Modifique la oración con el verbo **estar** y el participio pasado para expresar una acción terminada. Recuerde que el participio pasado funciona como adjetivo. Después, escuche y repita la respuesta correcta.

Ejemplo: Ud. oirá: Cierro la puerta.
Diga Ud.: *La puerta ya **está cerrada**.*

E. *SER, ESTAR* Y *HABER (HAY)*

Con los elementos dados forme una oración usando el presente de **ser, estar** o **haber**. Después, escuche y repita la respuesta correcta.

Ejemplo: Ud. oirá: Sobre la mesa... un libro de francés.
Diga Ud.: *Sobre la mesa **hay** un libro de francés.*

IV. COMPRENSIÓN AUDITIVA

A. MILAGRO DE LA DIALÉCTICA

Ud. oirá algunas palabras que aparecen en el siguiente relato. Repita cada una de ellas y lea su traducción al inglés. Ud. las necesitará para la comprensión del relato.

el milagro *miracle*
de vuelta a *back in*
lucirse *to show off*
los huevos *eggs*
el plato *plate*
esconder *to hide*

🐛 🐛 🐛

¿Entiende Ud. el relato? Si no, vuelva a escucharlo antes de hacer el ejercicio de comprensión que sigue.

B. EJERCICIO DE COMPRENSIÓN

Ud. oirá una pregunta sobre *Milagro de la dialéctica* y tres respuestas posibles. Indique con un círculo la respuesta más lógica. La pregunta y las tres respuestas se leerán dos veces.

1. a   b   c
2. a   b   c
3. a   b   c
4. a   b   c
5. a   b   c

Lección 4

I. FRAGMENTO DE UNA OBRA DE TEATRO

Ud. va a escuchar un fragmento de una obra de teatro en que don Goyito, un campesino puertorriqueño recién llegado a la ciudad, se informa sobre las costumbres modernas de su nieta, Pat.

BIENVENIDO, DON GOYITO (I)
Manuel Méndez Ballester (*Puerto Rico*)

EJERCICIOS DE COMPRENSIÓN

A. Primera parte. Escuche las siguientes oraciones basadas en la primera parte de *Bienvenido, don Goyito (I)*. Después indique con un círculo si las afirmaciones están de acuerdo con la escena que ha escuchado. Cada oración se leerá dos veces.

1. Sí   No

2. Sí   No

3. Sí   No

4. Sí   No

B. Segunda parte. Escuche las siguientes oraciones basadas en la segunda parte de *Bienvenido, don Goyito (I)*. Después indique con un círculo si las afirmaciones están de acuerdo con la escena que ha escuchado. Cada oración se leerá dos veces.

1. Sí   No

2. Sí   No

3. Sí   No

4. Sí   No

C. ¿Qué piensa? Lea las siguientes preguntas basadas en *Bienvenido, don Goyito (I)*. Después contéstelas en el espacio indicado.

1. Escriba una lista de cuatro adjetivos que describan su impresión sobre don Goyito y cuatro más que describan su impresión sobre Pat.

Don Goyito	**Pat**
_____	_____
_____	_____
_____	_____
_____	_____

2. ¿Don Goyito y Pat estarían de acuerdo con sus opiniones? ¿Por qué sí? ¿Por qué no?

_____

_____

_____

3. Según Pat, ¿cómo era la vida de la generación de su abuelo? ¿Está Ud. de acuerdo?

_____

_____

_____

4. ¿Cómo era la vida de sus abuelos? ¿Qué diferencias existen entre su juventud y la de ellos?

_____

_____

_____

II. PRONUNCIACIÓN

LAS CONSONANTES K, T Y D

El sonido de la **k** *(k, ca, co, cu, que* y ***qui)*** se pronuncia en español sin la explosión de aire característica de la k inglesa. Escuche y contraste:

inglés	español
car	carro
baker	vaca

Ahora, escuche y repita:

casa	como	quiso	coqueta
quema	kilo	que	química
aquí	cumbre	poco	raqueta

★ ★ ★

Para pronunciar la *t* española, se coloca la punta de la lengua contra los dientes superiores y se cierra el paso del aire. Es importante articular el sonido más adelante que la *t* inglesa y sin la explosión de aire. Escuche y contraste:

inglés	español
tea	ti
tort	torta

Ahora, escuche y repita:

tapa	tamaño	ata	total
tela	tisa	mente	tomate
tortilla	tumba	treinta	tinta

La *d* española, como la *t*, se articula apoyando la lengua contra los dientes superiores. Escuche y contraste:

inglés	español
day	**dé**
debt	**debo**
ado	**adiós**

La *d* tiene dos variantes:

1. En posición inicial o después de *n* o *l*, es un poco más suave que la *d* inglesa. Escuche y repita:

donde	dolor	falda
dama	durar	banda
diente	después	caldo

2. En otras posiciones, la pronunciación de la *d* es muy similar a la *th* en inglés y se da paso al aire. Escuche y repita:

mudo	líder	medir
pido	oda	modo
lado	modelo	salud

Ahora, practique las dos variantes en la misma palabra.

desde	dormido
dado	adónde
dedo	delgado

Ahora, practique el contraste entre el sonido *d* y el sonido *t*.

ti	di	tienda
te	de	diente
tía	día	todo
tedio		

★ ★ ★

Trabalenguas. Escuche el siguiente trabalenguas. Después, repítalo, frase por frase. Finalmente, escúchelo de nuevo y repítalo en su totalidad.

Tres tristes tigres tragan trigo en un trigal.

III. PRÁCTICA ORAL

A. EL PRETÉRITO

I. Ud. oirá una oración en el presente. Comience con la palabra **Ayer** y modifique la oración usando el pretérito. Después, escuche y repita la respuesta correcta.

Ejemplo: Ud. oirá: Trabajo por la mañana.
              Diga Ud.:   *Ayer **trabajé** por la mañana.*

II. Ud. oirá una pregunta. Contéstela empleando el pretérito según el ejemplo. Después, escuche y repita la respuesta correcta.

Ejemplo: Ud. oirá: ¿Vas a estudiar esta noche?
            Conteste Ud.:   *No, ya **estudié**.*

B. EL IMPERFECTO

Ud. oirá una oración. Luego, con las palabras que siguen, modifique la oración usando el imperfecto. Después, escuche y repita la respuesta correcta.

Ejemplo: Ud. oirá: Fuimos a la casa de mi tía. Siempre...
            Diga Ud.:   *Siempre **íbamos** a la casa de mi tía.*

C. EL PRETÉRITO Y EL IMPERFECTO DE *CONOCER*, *SABER*, *PODER* Y *QUERER*

Ud. oirá la primera parte de un diálogo. Después se leerán tres respuestas posibles. Indique con un círculo la respuesta más lógica. Las preguntas y las respuestas se leerán dos veces.

1. a b c   4. a b c
2. a b c   5. a b c
3. a b c

D. EL VERBO *HACER* EN EXPRESIONES TEMPORALES

Ud. oirá dos preguntas seguidas. Conteste con el verbo **hacer** en una expresión temporal. Después, escuche y repita la respuesta correcta.

Ejemplo: Ud. oirá   ¿Cuánto tiempo hace que vives aquí? ¿Tres años?
            Diga Ud.:   ***Hace** tres años que vivo aquí.*

IV.   COMPRENSIÓN AUDITIVA

A. UN ORIGINAL DÍA DE CAMPO

Ud. oirá algunas palabras y frases que aparecen en el siguiente relato. Repita cada una de ellas y lea su traducción al inglés. Ud. las necesitará para la comprensión de esta historia.

el día de campo   *day of camping out*
sin previo aviso   *without prior notice*
la falta de pago   *lack of payment*
el equipo de campamento   *camping equipment*
el bosque   *woods*
los fiambres   *cold cuts*
el fantasma   *ghost*
las deudas   *debts*

¿Entiende Ud. el relato? Si no, vuelva a escucharlo antes de hacer el ejercicio de comprensión que sigue.

B. EJERCICIO DE COMPRENSIÓN

Ud. oirá la primera parte de una oración sobre *Un original día de campo* y tres terminaciones posibles. Indique con un círculo la terminación más lógica. La oración y las terminaciones se leerán dos veces.

1. a b c   4. a b c

2. a b c   5. a b c

3. a b c   6. a b c

Lección 5

I. FRAGMENTO DE UNA OBRA DE TEATRO

Ud. va a escuchar otro fragmento de *Bienvenido, don Goyito* en que el millionario míster Harrison y su joven socio Carlos tratan de covencer a don Goyito para que venda un solar que tiene en el condado. Dicen que van a usarlo para construir un colegio religioso que será de gran provecho para la comunidad. Pat, que es novia de Carlos y nieta de don Goyito, desaprueba por completo esta transacción engañosa.

BIENVENIDO, DON GOYITO (II)
Manuel Méndez Ballester *(Puerto Rico)*

EJERCICIOS DE COMPRENSIÓN

A. Primera parte. Escuche las siguientes oraciones basadas en la primera parte de *Bienvenido, don Goyito (II)*. Después indique con un círculo si las afirmaciones están de acuerdo con la escena que ha escuchado. Cada oración se leerá dos veces.

1. Sí   No

2. Sí   No

3. Sí   No

4. Sí   No

B. Segunda parte. Escuche las siguientes oraciones basadas en la segunda parte de *Bienvenido, don Goyito (II)*. Después indique con un círculo si las afirmaciones están de acuerdo con la escena que ha escuchado. Cada oración se leerá dos veces.

1. Sí   No

2. Sí   No

3. Sí   No

4. Sí   No

C. ¿Qué piensa? Lea las siguientes preguntas basadas en *Bienvenido, don Goyito (II)*. Después contéstelas en el espacio indicado.

1. ¿Piensa Ud. que lo que hace míster Harrison es ético? ¿Por qué sí? ¿Por qué no?

_____

_____

_____

2. ¿Ud. piensa que don Goyito le va a vender el terreno a míster Harrison? ¿Por qué sí? ¿Por qué no?

_____

_____

_____

3. Escriba un mini-diálogo (de 5 a 7 líneas) que exprese lo que Ud. piensa que ocurrirá cuando don Goyito y míster Harrison se reúnan mañana.

_____

_____

_____

_____

_____

_____

_____

_____

_____

_____

II. PRONUNCIACIÓN

LAS CONSONANTES *R* Y *RR*

La **r** y la **rr** tienen el mismo punto de articulación: se eleva la punta de la lengua hasta la parte anterior del paladar *(palate, roof of mouth)*. Para la **r**, hay una sola vibración, mientras que para la **rr** hay una vibración múltiple. El sonido **rr** no existe en inglés, pero una aproximación de la **r** existe en palabras como *city, daddy* y *ladder* cuando se les pronuncia rápido. Practique estas palabras inglesas para familiarizarse con el sonido **r**:

city	*daddy*	*ladder*	*matter*

Escuche y contraste:

inglés	español
oral	oral
pear	pera
mural	mural

Ahora, escuche y repita:

iris	oral	fiera	hablar
hora	sonoro	cura	mejor
para	escalera	lírico	comprender

★ ★ ★

La pronunciación de la **rr** y de la **r** en cuatro posiciones (al comienzo de la palabra y detrás de **l, n** y **s**) no viene de la garganta. Coloque Ud. la lengua contra los dientes superiores y practique la vibración múltiple. Escuche y contraste:

inglés	español
rose	rosa
rich	rico
rat	rata

Ahora, escuche y repita:

ruso	roble	carro	barril	Enrique
raza	rima	perro	derrama	alrededor
rezo	ruta	guitarra	correo	Israel

* * *

Practique la *r* y la *rr*:

caro	carro
pero	perro
ahora	ahorra
ere	erre
coro	corro

* * *

Trabalenguas. Escuche el siguiente trabalenguas. Después, escúchelo de nuevo y repítalo, frase por frase. Finalmente, escúchelo una tercera vez y repítalo en su totalidad.

Erre con erre guitarra; erre con erre barril; rápido ruedan los carros del ferrocarril.

III. PRÁCTICA ORAL

A. EL PRESENTE PERFECTO

Ud. oirá una pregunta. Contéstela con el verbo en el presente perfecto, según el ejemplo. Después, escuche y repita la respuesta correcta.

Ejemplo: Ud. oirá: Susana habla con el vendedor. ¿Y Arturo?
Diga Ud.: *Arturo ya **ha hablado** con el vendedor.*

B. EL PLUSCUAMPERFECTO

Ud. oirá una pregunta. Comience con la cláusula *Me dijeron que...* y conteste la pregunta usando el pluscuamperfecto. Después, escuche y repita la respuesta correcta.

Ejemplo: Ud. oirá: ¿Fue Teresa de compras?
Conteste Ud.: *Me dijeron que Teresa **había ido** de compras.*

C. LOS PRONOMBRES DE COMPLEMENTO DIRECTO

Ud. oirá una oración. Reemplace el complemento directo por el pronombre apropiado. Después, escuche y repita la respuesta correcta.

Ejemplo: Ud. oirá: Pagamos las cuentas.
Diga Ud.: ***Las** pagamos.*

D. LOS PRONOMBRES DE COMPLEMENTO INDIRECTO

Ud. oirá una oración. Luego, con las palabras que siguen, modifique la oración usando el pronombre del complemento indirecto. Después, escuche y repita la respuesta correcta.

Ejemplo: Ud. oirá: Arreglaron bien el coche. Al cliente...
                 Diga Ud.:   *Al cliente **le** arreglaron bien el coche.*

E. DOS PRONOMBRES DE COMPLEMENTO EN LA MISMA ORACIÓN

Ud. oirá una pregunta. Contéstela con la persona indicada usando los pronombres apropiados. Después, escuche y repita la respuesta correcta.

Ejemplo: Ud. oirá: ¿Quién le da el paquete? (Yo)
                 Conteste Ud.:   ***Yo se lo doy.***

F. *GUSTAR* Y OTROS VERBOS SIMILARES

Ud. oirá una pregunta. Luego, con las indicaciones que siguen, conteste la pregunta. Después, escuche y repita la respuesta correcta.

Ejemplo: Ud. oirá: ¿Qué le gusta comprar a Ud.? ¿Libros?
                 Conteste Ud.:   ***Me gusta** comprar libros.*

G. LOS PRONOMBRES PREPOSICIONALES

Ud. oirá un comentario. Reaccione con una pregunta usando la preposición y el pronombre apropiado. Después, escuche y repita la pregunta correcta.

Ejemplos: Ud. oirá: Jaime preguntó por ti.
                  Pregunte Ud.:   *¿**Por mí**?*
                  Ud. oirá: Plantaron un árbol delante de la casa.
                  Pregunte Ud.:   *¿**Delante de ella**?*

H. LA *A* PERSONAL

Ud. oirá una oración. Modifíquela con los elementos dados. Después, escuche y repita la respuesta correcta.

Ejemplo: Ud. oirá: Vemos el almacén. (vendedora)
                 Diga Ud.:   *Vemos **a** la vendedora.*

IV. COMPRENSIÓN AUDITIVA

A. LAS GAFAS

Ud. oirá algunas palabras que aparecen en el siguiente relato. Repita cada una de ellas y lea su traducción al inglés. Ud. las necesitará para la comprensión de la historia.

el campesino   *peasant*
las gafas   *eyeglasses*
el óptico   *optician*
la docena   *dozen*
el mostrador   *counter*

🍎 🍎 🍎

¿Entiende Ud. el relato? Si no, vuelva a escucharlo antes de hacer el ejercicio de comprensión que sigue.

B. EJERCICIO DE COMPRENSIÓN

Ud. oirá la primera parte de una oración sobre el relato *Las gafas* y tres terminaciones posibles. Indique con un círculo la terminación más lógica. La oración y las terminaciones se leerán dos veces.

1. a   b   c   4. a   b   c
2. a   b   c   5. a   b   c
3. a   b   c   6. a   b   c

L e c c i ó n   6

I. FRAGMENTO DE UNA OBRA DE TEATRO

Ud. va a escuchar una escena en la que una enfermera conduce a una paciente a su cuarto. La mujer está sola en el cuarto, pero de pronto escucha silbar a alguien en el cuarto de al lado.

1 X 1 = 1, PERO 1 + 1 = 2
Lucía Quintero

EJERCICIOS DE COMPRENSIÓN

A. Primera parte. Escuche las siguientes oraciones basadas en *1 X 1 = 1, pero 1 + 1 = 2*. Después indique con un círculo si las afirmaciones están de acuerdo con la escena que ha escuchado. Cada oración se leerá dos veces.

1. Sí   No

2. Sí   No

3. Sí   No

4. Sí   No

B. Segunda parte. Escuche las siguientes oraciones basadas en *1 X 1 = 1, pero 1 + 1 = 2*. Después indique con un círculo si las afirmaciones están de acuerdo con la escena que ha escuchado. Cada oración se leerá dos veces.

1. Sí   No

2. Sí   No

3. Sí   No

4. Sí   No

C. ¿Qué piensa? Lea las siguientes preguntas basadas en *1 X 1 = 1, pero 1 + 1 = 2*. Después contéstelas en el espacio indicado.

1. ¿Reaccionó la mujer a su nueva situación como Ud. esperaría? ¿Por qué sí o por qué no?

_____

_____

_____

2. Si Ud. fuera la mujer, ¿tendría miedo del hombre? Explíquese.

_____

_____

_____

3. Lea las últimas líneas de lo que Ud. escuchó:

MUJER: Me ha convencido. La pared no es frágil. Pero nuestra separación sí lo es. Me va a fastidiar° usted con esta... intimidad.

annoy, irritate

HOMBRE: Una vez intenté derribar° la pared...

to breakdown

MUJER: ¿Con los puños? (*Asustada.*) ¿Le dan rabias a usted?

HOMBRE: Me dio esa vez por el tratamiento que suministraban° a su predecesora°... estaba enamorado de ella...

administered
predecesor

Escriba 3 o 4 líneas más de diálogo, para expresar cómo piensa Ud. que termina la obra.

_____

_____

_____

_____

_____

_____

_____

_____

II. PRONUNCIACIÓN

LAS CONSONANTES S Y L

La *s* en español es menos sibilante que la *s* inglesa. La *z* y la *c* (delante de *i* y *e*) en Hispanoamérica tienen la misma pronunciación que la *s*. Escuche y contraste:

inglés	español
soup	sopa
mass	masa

Ahora, escuche y contraste:

sano	suma	esto	zona
cena	solo	esperar	azafata
cita	asado	receta	zurdo

* * *

El punto de articulación de la *l* española es el mismo que en la *l* inglesa. La diferencia entre los sonidos es que en español no se eleva tanto la lengua al pronunciar la *l*. Escuche y contraste:

inglés	español
lorry	loro
hello	hola

Ahora, escuche y repita:

lobo	lupa	rebelde	mal
lana	leve	alba	clavel
Lima	alma	palillo	hotel

* * *

Trabalenguas. Escuche el siguiente trabalenguas. Después, escúchelo de nuevo y repítalo, frase por frase. Finalmente, escúchelo una tercera vez y repítalo en su totalidad.

Yo sólo sé una cosa, a saber, sólo sé que no sé y si sé que no sé, algo sé, porque sé una cosa: sé que no sé nada.

III. PRÁCTICA ORAL

A. EL PRESENTE DEL SUBJUNTIVO

Ud. escuchará una pregunta. Contéstela negativamente, cambiando el verbo de la cláusula dependiente al subjuntivo. Después, escuche y repita la respuesta correcta.

Ejemplo: Ud. oirá: ¿Él está seguro que vienen?
Conteste Ud.: *No, él no está seguro **que vengan**.*

B. EL PRESENTE DEL SUBJUNTIVO EN CLÁUSULAS NOMINALES

Ud. oirá dos oraciones simples. Combínelas para formar una compuesta. Después, escuche y repita la oración correcta.

Ejemplo: Ud. oirá: ¡Cómo lamento! Tienen hambre.
Diga Ud.: *¡Como lamento **que tengan** hambre!*

C. EL PRESENTE DEL SUBJUNTIVO CON EXPRESIONES IMPERSONALES

Ud. oirá dos oraciones cortas. Combínelas en una oración, usando el presente del indicativo o del subjuntivo. Después, escuche y repita la respuesta correcta.

Ejemplo: Ud. oirá: ¿Nos reunimos? Es importante.
Diga Ud.: *Es importante **que** nos **reunamos**.*

D. EL IMPERATIVO FORMAL AFIRMATIVO

Ud. oirá una oración. Modifíquela y exprese un mandato. Después, escuche y repita la respuesta correcta.

Ejemplo: Ud. oirá: Los estudiantes abren el libro.
Diga Ud.: *Estudiantes, ¡**abran** el libro!*

E. EL IMPERATIVO FORMAL NEGATIVO

Ud. oirá una oración. Reaccione expresando un mandato formal negativo con el pronombre del complemento directo. Después, escuche y repita la respuesta correcta.

Ejemplo:	Ud. oirá:	Voy a poner la mesa.
	Diga Ud.:	*¡No **la ponga**, por favor!*

F. EL IMPERATIVO DE *NOSOTROS*

Ud. escuchará una pregunta. Contéstela afirmativamente. Después, escuche y repita la respuesta correcta.

Ejemplo:	Ud. oirá:	¿Vamos a enviárselo?
	Conteste Ud.:	***Enviémoselo***.

G. EL IMPERATIVO FAMILIAR

I. Ud. oirá una orden. Cúmplala inmediatamente usando el mandato familiar. Después, escuche y repita la respuesta correcta.

Ejemplo:	Ud. oirá:	Dígale a María que se siente.
	Diga Ud.:	*María, ¡**siéntate**!*

II. Ud. oirá una oración. Reaccione con un mandato familiar. Después, escuche y repita la respuesta correcta.

Ejemplo:	Ud. oirá:	Quiero comerme la torta.
	Diga Ud.:	*Pues, ¡**cómetela**!*

IV. COMPRENSIÓN AUDITIVA

A. EL TRISTE FUTURO DE JACINTA

Ud. oirá algunas palabras que aparecen en el siguiente relato. Repítalas y lea su traducción al inglés. Ud. las necesitará para la comprensión de la historia.

curarse   *to cure oneself*
cobrar   *to charge*
los gastos   *bills; debts*
hacerse viejo   *to become old*
fiel   *faithful*
recompensar   *to reimburse; to pay for services rendered*
el microbio   *virus, microbe*

❦ ❦ ❦

¿Entiende Ud. el relato? Si no, vuelva a escucharlo antes de hacer el ejercicio de comprensión que sigue.

B. EJERCICIO DE COMPRENSIÓN

Ud. oirá una pregunta sobre el relato *El triste futuro de Jacinta* y tres respuestas posibles. Indique con un círculo la respuesta más lógica. La pregunta y las respuestas se leerán dos veces.

1. a b c   4. a b c

2. a b c   5. a b c

3. a b c

Lección 7

I. OBRA DE TEATRO EN UN ACTO

Ud. va a escuchar una escena de una interpretación moderna de la historia bíblica de Adán y Eva en el Paraíso.

LA MANZANA PROHIBIDA
Álvaro de Laiglesia (España)

EJERCICIOS DE COMPRENSIÓN

A. Primera parte. Escuche las siguientes oraciones basadas en *La manzana prohibida*. Después indique con un círculo si las afirmaciones están de acuerdo con la escena que ha escuchado. Cada oración se leerá dos veces.

1. Sí   No

2. Sí   No

3. Sí   No

4. Sí   No

B. Segunda parte. Escuche las siguientes oraciones basadas en *La manzana prohibida*. Después indique con un círculo si las afirmaciones están de acuerdo con la escena que ha escuchado. Cada oración se leerá dos veces.

1. Sí   No

2. Sí   No

3. Sí   No

4. Sí   No

C. ¿Qué piensa? Lea las siguientes preguntas basadas en *La manzana prohibida*. Después contéstelas en el espacio indicado.

1. ¿A cuáles arquetipos representan los siguientes personajes/cosas/conceptos?

     a. Miss Evans _____

     b. Mr. Evans _____

     c. Guarda _____

     d. la manzana _____

     e. la ley _____

2. ¿Son Miss Evans y Mr. Adams del campo o de la ciudad? ¿Cómo sabe Ud.?

_____

_____

3. Escriba una lista de cuatro ejemplos de cómo este drama ha modernizado la historia bíblica de Adán y Eva. ¿Piensa Ud. que es una buena representación de la historia original? ¿Por qué?

_____

_____

_____

_____

_____

_____

II. PRONUNCIACIÓN

LAS CONSONANTES G, J, X, LL, Y

La **g** española delante de **a, o** y **u** tiene dos pronunciaciones. Al comienzo de la palabra y después de la letra **n** se pronuncia como la **g** en la palabra inglesa *go*. En todas las otras posiciones la **g** es más suave y se pronuncia como en la palabra *sugar*. Escuche y contraste:

inglés	español
goal	gol
beggar	bigote

Ahora, escuche y repita:

gala	gula	tengo	pague	Hugo
guiso	guerra	lengua	llegue	agosto
goma	mango	langosta	pegar	hagamos

* * *

El sonido de la **j** española y la **g** delante de la **e** y de la **i** no tiene equivalente en inglés. Se aproxima a la **h** aspirada en palabras como *how*. Escuche y contraste:

inglés	español
jot	jota
gesture	gesto

Ahora, escuche y contraste:

jota	junco	ágil	quejarse
jaca	congelar	coger	pasaje
jícara	surgir	coja	reloj

La *x* delante de consonante se pronuncia como la *s* inglesa. La *x* entre vocales tiene el sonido *ks*:

/s/			/ks/	
extender	excusa			existir
expansión	externo			éxito
excavar	texto			examen

* * *

En varias partes de España y en casi toda Hispanoamérica existe el **yeísmo**; es decir, la *ll* y la *y* se pronuncian igual. Entre vocales la *y* se pronuncia como en la palabra inglesa *you*. En otras posiciones la pronunciación es muy parecida a la *y* en la palabra *yet* en inglés. Escuche y contraste:

inglés	**español**
yes	yeso
belle	bella

Ahora, escuche y repita:

yo	creyeron	milla	allí
llamo	yegua	payaso	desarrollo
lleno	yoga	leyó	millones

* * *

Trabalenguas. Escuche el siguiente trabalenguas. Después, escúchelo de nuevo y repítalo, frase por frase. Finalmente, escúchelo una tercera vez y repítalo en su totalidad.

Quéjase Jacobo con Joaquín Ginés, el cajero, de que le aqueja jaqueca que a Julián no deja jamás.

III. PRÁCTICA ORAL

A. EL PRESENTE DEL SUBJUNTIVO EN CLÁUSULAS ADJETIVALES

Ud. oirá una oración. Luego con el verbo y la expresión que oirá a continuación, modifique la oración. Después, escuche y repita la respuesta correcta.

Ejemplo: Ud. oirá: Tengo una bicicleta que está como nueva. Quiero...
Diga Ud.: *Quiero una bicicleta que **esté** como nueva.*

B. EL PRESENTE DEL SUBJUNTIVO EN CLÁUSULAS ADVERBIALES

Ud. oirá una oración en el tiempo pasado. Dígala en el futuro. Después, escuche y repita la oración correcta.

Ejemplo: Ud. oirá: Me mandó una tarjeta cuando se fue.
Diga Ud.: *Me **mandará** una tarjeta cuando se vaya.*

C. EL IMPERFECTO DEL SUBJUNTIVO

Ud. oirá una pregunta y el principio de la respuesta. Complete la respuesta, usando el imperfecto del subjuntivo. Después, escuche y repita la respuesta correcta.

Ejemplo: Ud. oirá: ¿Hablaste con el alcalde? Sí, era necesario…
                Conteste Ud.: *Sí, era necesario que* **hablara** *con el alcalde.*

D. EL SUBJUNTIVO CON *OJALÁ*

Ud. oirá una pregunta. Contéstela con **ojalá**. Después, escuche y repita la respuesta correcta.

Ejemplo: Ud. oirá: ¿Juan vendrá hoy?
                Conteste Ud.: ***Ojalá*** *que Juan venga hoy.*

E. EL SUBJUNTIVO CON *QUIZÁS*

Ud. oirá una oración. Modifíquela con la palabra **quizás**. Después, escuche y repita la respuesta correcta.

Ejemplo: Ud. oirá: Tú vienes a buena hora.
                Diga Ud.:   ***Quizás*** *vengas a buena hora.*

F. EL SUBJUNTIVO COMO FORMA DE CORTESÍA

Ud. oirá una oración. Modifíquela con el imperfecto del subjuntivo para expresar cortesía. Después, escuche y repita la respuesta correcta.

Ejemplo: Ud. oirá: Ud. debe prestar atención.
                Diga Ud.:   *Ud.* **debiera** *prestar atención.*

IV. COMPRENSIÓN AUDITIVA

A. LA MANO

Ud. oirá algunas palabras que aparecen en el siguiente relato. Repita cada una de ellas y lea su traducción al inglés. Ud. las necesitará para la comprensión de la historia.

estrangulado   *strangled*
el piso   *apartment*
la araña   *spider*
el armario   *closet*
encerrada con llave   *locked*
cazar   *to hunt down*
agarrar   *to grab hold of*

❦ ❦ ❦

¡Entiende Ud. el relato? Si no, vuelva a escucharlo antes de hacer el ejercicio de comprensión que sigue.

B. EJERCICIO DE COMPRENSIÓN

Ud. oirá la primera parte de una oración sobre *La mano* y tres terminaciones posibles. Indique con un círculo la terminación más lógica. La oración y las terminaciones se leerán dos veces.

1. a   b   c   4. a   b   c

2. a   b   c   5. a   b   c

3. a   b   c

Lección 8

I. FRAGMENTO DE UNA OBRA DE TEATRO

Ud. va a escuchar una selección de teatro en la cual tres trabajadores de las minas recuerdan los hermosos lugares que tiene Perú.

COLLACOCHA
Enrique Solari Swayne

EJERCICIOS DE COMPRENSIÓN

A. Collacocha. Escuche las siguientes oraciones basadas en *Collacocha*. Después, indique con un círculo si las oraciones están de acuerdo con la escena que ha escuchado. Cada oración se leerá dos veces.

1. Sí No
2. Sí No
3. Sí No
4. Sí No
5. Sí No
6. Sí No

B. ¿Qué piensa? Lea las siguientes preguntas basadas en *Collacocha*. Después contéstelas en el espacio indicado.

1. ¿Le interesaría viajar a Perú después de escuchar las descripciones de los mineros? ¿Qué lugares le gustaría visitar más? ¿Por qué?

_____
_____
_____

2. Como Ud. habrá notado, los colores figuran fuertemente en los recuerdos de los mineros (el mar rosado, las dunas violetas, el horizonte rojo, la sierra dorada, etc). Piense en su lugar favorito, por ejemplo la playa, un lugar en las montañas, un rincón de su casa, y describa los colores que Ud. asocia con cuatro objetos que se encuentran allí.

_____
_____
_____
_____
_____
_____
_____

3. ¿Con qué se asocian las siguientes áreas de los Estados Unidos? También incluya los colores que se asocian cuando sea apropiado.

a. Vermont _____

b. Oregon _____

c. Washington D.C. _____

d. Nuevo México _____

e. Tejas _____

f. Kansas _____

g. las montañas Rockies _____

h. Carolina del Sur _____

II. PRONUNCIACIÓN

LAS CONSONANTES *CH, F, M, N, Ñ*

La combinación **ch** se pronuncia en español como en la palabra inglesa *chest*. Escuche y repita:

chica	leche
choza	chicha
chupar	mucho

⋆ ⋆ ⋆

La pronunciación de la **f** es idéntica en español y en inglés. Escuche y repita:

fijo	sofá
fama	jefe
forma	ofender

⋆ ⋆ ⋆

La **m** se pronuncia como en inglés pero sin apretar tanto los labios. Escuche y repita:

mesa	ama
mono	comer
mula	encima

⋆ ⋆ ⋆

La **n** se pronuncia generalmente como en la palabra inglesa *none*. Escuche y repita:

nave	Inés
nena	rana
nublado	sonido

⋆ ⋆ ⋆

Delante de **b, p** o **v**, la **n** se pronuncia como **m**. Escuche y repita:

invitar	en paz	un poco	invadir
con poco	invocar	un beso	sin peso

* * *

La **ñ** se pronuncia como el sonido intervocálico en inglés en la palabra *canyon*. Escuche y repita:

uña	mañana
leña	España
año	señal

* * *

Trabalenguas. Escuche el siguiente trabalenguas. Después, escúchelo de nuevo y repítalo, frase por frase. Finalmente, escúchelo una tercera vez y repítalo en su totalidad.

María Ichucena su choza techaba, y un techador que por allí pasaba le dijo: María Ichucena, ¿techas tu choza o techas la ajena? — Ni techo mi choza ni techo la ajena. Yo techo la choza de María Ichucena.

III. PRÁCTICA ORAL

A. EL CONDICIONAL

Ud. oirá una pregunta. Contéstela usando el condicional. Después, escuche y repita la respuesta correcta.

Ejemplo: Ud. oirá: ¿Qué haría Ud. en caso de emergencia? (llamar a la policía)
Conteste Ud.: *Llamaría a la policía.*

B. EL PRESENTE PERFECTO DEL SUBJUNTIVO

Ud. oirá una oración. Cambie el verbo de la cláusula dependiente al presente perfecto del subjuntivo. Después, escuche y repita la respuesta correcta.

Ejemplo: Ud. oirá: Espero que no se olviden.
Diga Ud.: *Espero que no **se hayan olvidado.***

C. LAS CLÁUSULAS DE SI...

Ud. oirá una oración que expresa una condición real. Cámbiela a una condición hipotética. Después, escuche y repita la respuesta correcta.

Ejemplo: Ud. oirá: Si llueve, no saldremos.
Diga Ud.: *Si **lloviera**, no **saldríamos.***

D. NEGACIÓN SIMPLE Y NEGACIÓN DOBLE

Ud. oirá una oración con negación doble. Dígala con una negación simple. Después, escuche y repita la respuesta correcta.

Ejemplo: Ud. oirá: No voy nunca al mercado.
Diga Ud.: ***Nunca*** *voy al mercado.*

E. LOS INDEFINIDOS Y LOS NEGATIVOS

Ud. oirá una pregunta. Contéstela con una doble negación. Después, escuche y repita la respuesta correcta.

Ejemplo: Ud. oirá: ¿Hay algún taxi por aquí?
Conteste Ud.: *No,* ***no hay ningún*** *taxi por aquí.*

F. LA CONSTRUCCIÓN CON *SE* COMO EQUIVALENTE DE LA VOZ PASIVA

Ud. oirá una pregunta. Contéstela según las indicaciones. Después, escuche y repita la respuesta correcta.

Ejemplo: Ud. oirá: ¿Dónde venden estas plumas? ¿en la librería?
Conteste Ud.: *Sí, estas plumas* ***se venden*** *en la librería.*

IV. COMPRENSIÓN AUDITIVA

A. ISAPÍ: LA LEYENDA DEL SAUCE LLORÓN

Ud. oirá algunas palabras que aparecen en la siguiente leyenda. Repita cada una de ellas y lea su traducción al inglés. Ud. las necesitará para la comprensión de esta leyenda.

el sauce llorón	*weeping willow (tree)*	el brujo	*sorcerer*
el guerrero	*warrior*	el diablo	*devil*
la desgracia	*misfortune*	las tinieblas	*darkness*
las hierbas	*herbs*	endurecerse	*to harden*
detenerse	*to stop*	la rama	*branch*

🍎 🍎 🍎

¿Entiende Ud. la leyenda? Si no, vuelva a escucharla antes de hacer el ejercicio de comprensión que sigue.

B. EJERCICIO DE COMPRENSIÓN

Ud. oirá la primera parte de una oración sobre *Isapí: La leyenda del sauce llorón* y tres terminaciones posibles. Indique con un círculo la respuesta más lógica. La oración y las terminaciones se leerán dos veces.

1. a b c   3. a b c   5. a b c

2. a b c   4. a b c

Lección 9

I. OBRA DE TEATRO EN UN ACTO

En la siguiente fábula que Ud. va a escuchar, una polilla reclama los derechos de propiedad de los libros de la biblioteca y da una lección al bibliotecario.

FÁBULA: LA POLILLA Y EL BIBLIOTECARIO
Joaquín V. de González

EJERCICIOS DE COMPRENSIÓN

A. Primera parte. Escuche las siguientes oraciones basadas en *Fábula: La polilla y el bibliotecario*. Después indique con un círculo si las afirmaciones están de acuerdo con la escena que ha escuchado. Cada oración se leerá dos veces.

1. Sí   No

2. Sí   No

3. Sí   No

4. Sí   No

B. Segunda parte. Escuche las siguientes oraciones basadas en *Fábula: La polilla y el bibliotecario*. Después indique con un círculo si las afirmaciones están de acuerdo con la escena que ha escuchado. Cada oración se leerá dos veces.

1. Sí   No

2. Sí   No

3. Sí   No

4. Sí   No

C. ¿Qué piensa? Lea las siguientes preguntas basadas en *Fábula: La polilla y el bibliotecario*. Después contéstelas en el espacio indicado.

1. ¿Tiene Ud. muchos libros en su casa que jamás lee? ¿Por qué los guarda?

_____

_____

_____

2. ¿Cómo se sabe que la opinión del bibliotecario hacia la polilla ha cambiado? ¿Cómo logró la polilla cambiarle la opinión al bibliotecario?

_____

_____

_____

3. ¿Es un crimen contra la humanidad no compartir las ideas sea a través de los libros, las conferencias, etc.? ¿Existe una obligación a transmitir las ideas nuevas que posiblemente tendrían un impacto en la evolución de la sociedad? Dé algunos ejemplos que apoyen sus ideas.

_____

_____

_____

_____

II. PRONUNCIACIÓN

LOS DIPTONGOS

Los diptongos se forman de dos vocales que se pronuncian en una sola sílaba. Practique las combinaciones de la vocal débil *i* con las vocales fuertes:

ia	ie	io
piano	nadie	novio
viaje	piedad	socio
familia	tiene	adiós

Ahora, practique la combinación de la vocal débil *i* con la vocal débil *u*:

iu
viuda
ciudad
triunfo

★ ★ ★

Practique la combinación de la vocal *u* y otras vocales:

ua	ue	uo	ui, uy
agua	puede	ambiguo	Luis
guardar	fuego	contiguo	cuidar
igual	nuez	cuota	muy

★ ★ ★

Ahora, escuche y repita las combinaciones de las vocales fuertes con las débiles:

ai	au	ei o ey	eu	oi u oy
aire	flauta	rey	deuda	hoy
hay	causa	peine	feudal	voy
baile	audaz	reina	Europa	estoy
				oigo

III. PRÁCTICA ORAL

A. EL INFINITIVO COMO SUJETO

Ud. oirá dos preguntas seguidas. Contéstelas en una sola oración, usando el infinitivo como sujeto. Después, escuche y repita la respuesta correcta.

> **Ejemplo:** Ud. oirá: ¿Qué es malo para la salud?, ¿comer y beber mucho?
> Conteste Ud.: *Sí, **comer** y **beber** mucho es malo para la salud.*

B. PREPOSICIÓN + INFINITIVO

Ud. oirá una oración con dos cláusulas. Modifique la cláusula subordinada con el infinitivo según el ejemplo. Después, escuche y repita la respuesta correcta.

> **Ejemplo:** Ud. oirá: Nos reunimos para que veas nuestro progreso.
> Diga Ud.: *Nos reunimos **para ver** nuestro progreso.*

C. *AL* + EL INFINITIVO

Ud. oirá una oración. Modifíquela usando la contracción **al** + *el infinitivo*. Después, escuche y repita la respuesta correcta.

> **Ejemplo:** Ud. oirá: Cuando terminó la película se sintió triste.
> Diga Ud.: ***Al terminar** la película se sintió triste.*

D. *DE* + EL INFINITIVO

Ud. oirá una oración condicional. Modifíquela usando **de** + *el infinitivo*. Después, escuche y repita la respuesta correcta.

> **Ejemplo:** Ud. oirá: Si tuvieran dinero, comprarían una casa.
> Diga Ud.: ***De tener** dinero, comprarían una casa.*

E. *POR* Y *PARA*

Ud. oirá una pregunta. Contéstela con las palabras que oirá a continuación, usando **por** o **para**. Después, escuche y repita la respuesta correcta.

> **Ejemplo:** Ud. oirá: ¿Cómo lo supiste? (tu padre)
> Diga Ud.: ***Por** tu padre.*

A. EL SECRETO DE LA VIÑA

Ud. oirá algunas palabras que aparecen en el siguiente relato. Repita cada una de ellas y lea su traducción al inglés. Ud. las necesitará para la comprensión de la historia.

el campesino *farmer*	el tesoro *treasure*
estar para *to be about to*	el valor *value*
la viña *vineyard*	cavar *to dig*
enterrar *to bury*	aprovecharse *to profit*

❦ ❦ ❦

¿Entiende Ud. el relato? Si no, vuelva a escucharlo antes de hacer el ejercicio de comprensión que sigue.

B. EJERCICIO DE COMPRENSIÓN

Ud. oirá la primera parte de una oración sobre el relato *El secreto de la viña* y tres terminaciones posibles. Indique con un círculo la terminación más lógica. La oración y las terminaciones se leerán dos veces.

1. a b c   4. a b c

2. a b c   5. a b c

3. a b c

Lección 10

I. OBRA DE TEATRO EN UN ACTO

En el siguiente diálogo que Ud. va a escuchar, un poeta que está lleno de ilusiones habla con Filomena sobre el valor de la poesía.

EL POETA Y FILOMENA
Luisa Josefina Hernández *(México)*

Recibidlo; y perdonad,
Entre lo humilde y supremo,
Lo que tuviere de mío,
Por lo que tiene de vuestro.

Sor Juana Inés de la Cruz

EJERCICIOS DE COMPRENSIÓN

A. Primera parte. Escuche las siguientes oraciones basadas en *El poeta y Filomena.* Después indique con un círculo si las afirmaciones están de acuerdo con la escena que ha escuchado. Cada oración se leerá dos veces.

1. Sí   No

2. Sí   No

3. Sí   No

4. Sí   No

B. Segunda parte. Escuche las siguientes oraciones basadas en *El poeta y Filomena.* Después indique con un círculo si las afirmaciones están de acuerdo con la escena que ha escuchado. Cada oración se leerá dos veces.

1. Sí   No

2. Sí   No

3. Sí   No

4. Sí   No

C. ¿Qué piensa? Lea las siguientes preguntas basadas en *El poeta y Filomena*. Después contéstelas en el espacio indicado.

1. ¿Piensa Ud. que el poeta va a escribir un poema para Filomena? ¿Será bueno o malo? ¿Por qué piensa Ud. así?

   _____

   _____

   _____

2. ¿Cómo describiría Ud. al poeta? Descríbalo con cuánto detalle pueda.

   _____

   _____

   _____

   _____

3. ¿Ha escrito Ud. un poema de amor para alguien? ¿Se lo dio? ¿Le gustó? ¿Ha recibido un poema de amor alguna vez? ¿Le gustó?

   _____

   _____

   _____

   _____

II. PRONUNCIACIÓN

LA SINÉRESIS Y LA SINALEFA

La sinéresis es la contracción de dos sílabas en una sola (**toalla** = twa-ya, **alcohol** = al-col). Practique la sinéresis. Escuche y repita:

coherente	poseedor	poeta
toalla	seamos	planear
cooperación	rodeado	

La sinalefa es la contracción en una sílaba de dos vocales contiguas en palabras separadas (pro-fe-sor-**dein**-glés, u-na-mi-ga-mí-a) . Cuando en la sinalefa dos vocales contiguas son idénticas, se pronuncia sólo una de ellas (la araña = **la-ra-ña**, mi interés = **min**-te-rés). Practique la sinalefa, omitiendo una de las vocales repetidas. Escuche y repita:

muchacha‿antipática	mi‿hija	tu‿universidad
mucha‿hambre	si‿insisten	
traje‿elegante	no‿obstante	
prefiere‿estudiar	lo‿obvio	
casi‿igual	su‿uso	

Si en la sinalefa la última vocal de una palabra y la vocal inicial de la siguiente forman un diptongo, se pronuncian en una sílaba con el diptongo (mi amiga = **mia**-mi-ga, su hermano = **suer**-ma-no). Practique los diptongos entre palabras. Escuche y repita:

mi‿alma   tu‿hermana

si‿operan   tu‿amor

casi‿entero   su‿isla

mi‿uña   su‿ojo

Las vocales fuertes *e* y *o*, delante de otra vocal, se vuelven más débiles (**mareado, oeste**). Practique la sinalefa con las vocales fuertes *e* y *o*. Escuche y repita:

ese anillo	de oro	estudie usted
sabe algo	dice hola	quiere unirse
salgo ahora	sólo Elena	mucho interés
busco a Juan	Ricardo es	como Inés

En la sinalefa no sólo hay enlace entre vocales sino también entre una consonante y la vocal que sigue:

en‿España, el‿acto, sus‿orejas, sin‿humo

Practique la pronunciación de estas oraciones. Escuche y repita:

Canto‿en‿la‿clase‿de‿alemán. (Can-toen-la-cla-se-dea-le-mán.)

Vive‿en‿un‿apartamento‿enorme.

No‿es‿difícil‿explicarlo.

Me‿habló‿de‿su‿estilo‿original.

Ese‿escritor‿se‿exilió‿hace‿años.

III. PRÁCTICA ORAL

A. EL GERUNDIO

Ud. oirá una oración. Modifíquela usando el gerundio. Después, escuche y repita la oración correcta.

Ejemplo: Ud. oirá: Cuando conducía por el centro, chocó con otro coche.
           Diga Ud.:   **Conduciendo** *por el centro, chocó con otro coche.*

B. EL GERUNDIO CON LOS VERBOS DE PERCEPCIÓN

Ud. oirá una oración con el infinitivo y un verbo de percepción. Cambie el infinitivo al gerundio. Después, escuche y repita la respuesta correcta.

Ejemplo: Ud. oirá: La vi tomar un taxi.
           Diga Ud.:   *La vi* **tomando** *un taxi.*

C. EL CONDICIONAL PERFECTO

Ud. oirá una oración completa y el sujeto de la segunda oración. Termínela según el ejemplo. Después, escuche y repita las dos oraciones.

Ejemplo: Ud. oirá: Tú no hiciste la tarea. Yo...
Diga Ud.:   *Tú no hiciste la tarea. Yo la **habría hecho.***

D. EL PLUSCUAMPERFECTO DEL SUBJUNTIVO

Ud. oirá una oración. Póngala en el tiempo pasado y cambie el verbo al pluscuamperfecto del subjuntivo. Después, escuche y repita la respuesta correcta.

Ejemplo: Ud. oirá: Lamenta que no hayan ido de vacaciones. Lamentaba...
Diga Ud.:   *Lamentaba que no **hubieran ido** de vacaciones.*

E. EL PRONOMBRE RELATIVO *QUE*

Ud. oirá dos oraciones. Combínelas usando el relativo **que**. Después, escuche y repita la respuesta correcta.

Ejemplo: Ud. oirá: Leí el periódico. Es excelente.
Diga Ud.:   *El periódico **que** leí es excelente.*

F. LOS PRONOMBRES RELATIVOS *QUE* Y *QUIEN*

Ud. oirá dos oraciones. Combínelas usando los relativos **que, quien** o **quienes** en lugar del pronombre de la segunda oración. Después, escuche y repita la respuesta correcta.

Ejemplo: Ud. oirá: Visité al muchacho. **Él** tuvo el accidente.
Diga Ud.:   *Visité al muchacho **que** tuvo el accidente.*

G. LOS PRONOMBRES RELATIVOS *EL QUE* Y *EL CUAL*

Ud. oirá una oración. Modifíquela con las palabras que oirá a continuación. Después, escuche y repita la oración correcta.

Ejemplo: Ud. oirá: Esta carta es la que escribiste. (este artículo)
Diga Ud.:   *Este artículo es **el que** escribiste.*

IV. COMPRENSIÓN AUDITIVA

A. EN LAS SOMBRAS DEL CINEMATÓGRAFO

Ud. oirá algunas palabras que aparecen en el siguiente relato. Repita cada una de ellas y lea su traducción al inglés. Ud. las necesitará para la comprensión de la historia.

la sombra   *shadow*
el cinematógrafo   *movie theater*
el amante   *lover*
chillar   *to shriek*
blandir   *to brandish; to exhibit in a menacing way*
vacío   *empty*

❧ ❧ ❧

¿Entiende Ud. el relato? Si no, vuelva a escucharlo antes de hacer el ejercicio de comprensión que sigue.

B. EJERCICIO DE COMPRENSIÓN

Ud. oirá la primera parte de una oración sobre el relato *En las sombras del cinematógrafo* y tres terminaciones posibles. Indique con un círculo la terminación más lógica. La oración y las terminaciones se leerán dos veces.

1. a b c   4. a b c
2. a b c   5. a b c
3. a b c   6. a b c

Credits

p. WB10: Primer cursillo... from *Cambio 16,* October 31, 1991, p. 28; **p. WB20:** Mena comic strip from *Semana,* No. 2.6477, November 7, 1990. p. 59; **p. WB25:** "Diccionario" by Eva Piquer, from *Woman,* No. 34, July 1995, p. 54; **p. WB26:** "Spanglish: Un lengua entre dos mundos" by Eva Piquer, from *Woman,* No. 34, July 1995, p. 50-54; **p. WB23:** Price list from Parador de turismo, C/ Ancha, 6, 10003 Cáceres, Spain; Bill from Hotel Carlos V, Toledo, Spain; **p. WB33:** Juan Ballesta (comic strip) from *Cambio 16,* No. 967, June 4, 1990, p. 209, Madrid, Spain; **p. WB36:** Ads from *El País,* October 25, 1990, p. 11; **p. WB38:** Ad for "Caja Laboral" from *El periódico universitario,* Bilbao Spain; **p. WB47:** Misha Lenn; **p. WB49:** Misha Lenn; **p. WB50:** Misha Lenn; **p. WB56:** Gabi (comic strip) from *Cambio 16,* "Gente" November 25, 1990, p. 144; **p. WB58:** "Mi papá me mima" by Luis Pazos and Diego Rosemberg, from *Viva, La revista de Clarín,* No. 978, January 29, 1995, pp. 24-28; **p. WB63:** Ads from *Segundamano,* February 18, 1991, p. 10; **p. WB68:** "Obtención del voto femenino" and "Primera mujer ministra" by Carlos Solanes, from *Woman,* No. 34, July 1995, p. 38; **p. WB69:** Misha Lenn; **p. WB72:** "Empresas para todo" from *El País,* No. 110, año 111, November 24/25, 1990; **p. WB73:** Misha Lenn; **p. WB79:** Brochure from Fundación Solidariadad Democrática, Madrid, Spain; **p. WB81:** Adapted from "El gigante se mueve" by Carlos Solanes, from *Woman,* No. 34, July 1995, p. 40; **p. WB87:** "Te echamos un cable" from *Diario 16,* November 18, 1990, p. 75; **p. WB92:** "¿Esto te ayuda?" from *Vogue España,* No. 27, June 1990, p. 73; **p. WB99:** Misha Lenn; **p. WB104:** "Colocaciones: Ofertas/Demandas" from *El diario vasco,* January 5, 1991, p. 51; **p. WB105:** El planteta de los nimios (comic strip) by Pablo from *El País Semanal,* No. 711, año XV, Segunda época, November 24/25, 1990, p. 112; **p. WB106:** Pass by permission of Elena María Mera Dios; **p. WB123:** Adapted from "Cataratas Iguazú" from *El País Semanal,* No. 219, April 30, 1995, pp. 52-58, photo by Owen Franken/Stock Boston; **p. WB125:** Seal from Empresa Mate Larangeira Mendes, S.A., San Martín 483, Buenos Aires, Argentina; **p. WB135:** "La cabalgata..." from *El diario vasco,* January 5, 1991, p. 16; **p. WB138:** Lugo and Fiestas from Xunta de Galicia, Secretaria Xeral Para O Turismo, Galicia, Spain; **p. WB140:** Ads from *El correo español/El país vasco,* August 5, 1996; **p. WB146:** Ad for Radio Nacional de España, from *El País Semanal,* No. 218, April 23, 1995; **p. WB147:** Ad for Radio Nacional de España, from *El País Semanal,* No. 218, April 23, 1995; **p. WB152:** Multicines ideal from *Guía del Ocio,* No. 789, January 28–February 3, 1991, p. 19; **p. WB153:** "Al ritmo del basket" from *Diario 16,* "Gente," Revista Semanal, No. 84, Año 11, November 18, 1990, p. 92; **p. WB154:** Barrido telefónico from *ABC,* November 18, 1990, p. 22, Madrid, Spain; **p. WB155:** Adapted from "A corazón abierto" by María Teresa San Andrés from *Periodistas,* No. 36, August/September 1990, p. 6. Published by Associación de la Prensa de Madrid.

Printed in the United States
215705BV00001B/133-1000/P